하바리움
이야기

하바리움 이야기

Copyright © 2019 by youngjin.com inc.
1016, 10F. Worldmerdian Venture Center 2nd, 123, Gasan-digital 2-ro, Geumcheon-gu, Seoul 08505, Korea.
All rights reserved. First published by Youngjin.com. in 2019. Printed in Korea
저작권법에 의해 한국 내에서 보호를 받는 저작물이므로 무단 전재와 복제를 금합니다.

ISBN 978-89-314-6020-9

독자님의 의견을 받습니다
이 책을 구입한 독자님은 영진닷컴의 가장 중요한 비평가이자 조언가입니다. 저희 책의 장점과 문제점이 무엇인지, 어떤 책이 출판되기를 바라는지, 책을 더욱 알차게 꾸밀 수 있는 아이디어가 있으면 이메일, 또는 우편으로 연락주시기 바랍니다. 의견을 주실 때에는 책 제목 및 독자님의 성함과 연락처(전화번호나 이메일)를 꼭 남겨 주시기 바랍니다. 독자님의 의견에 대해 바로 답변을 드리고, 또 독자님의 의견을 다음 책에 충분히 반영하도록 늘 노력하겠습니다.

주   소 : 서울 금천구 가산디지털2로 123 월드메르디앙벤처센터 2차 10층 1016호 (우)08505
등   록 : 2007. 4. 27. 제16-4189호
이 메 일 : support@youngjin.com

STAFF
저자 권미라 | **어시스트 및 사진** 강유나 | **총괄** 김태경 | **진행** 엄정미 | **디자인** 인주영 | **편집** 인주영, 강창효
영업 박준용, 임용수 | **마케팅** 이승희, 김근주, 조민영, 임승현, 이은정, 김예진 | **제작** 황장협 | **인쇄** 제이엠

하바리움 이야기

권미라 지음

Greeting

인사말

프리저브드 플라워와 함께 여러 해를 보내며 어느새 두 번째 책을 내게 되었습니다. 제가 하바리움을 처음 만나게 된 것은 프리저브드 플라워 관련 일로 일본 출장을 다녀왔을 때입니다. 투명한 용기에 예쁜 꽃이 한가득한 소품을 보았습니다. 멋진 정원의 축소판 같은 느낌이 든 이 소품은 '하바리움' 또는 '하바플라리움'이라고 했습니다. 일본은 하바리움이 점점 활성화되는 시기였고, 저는 첫눈에 사로잡혀 버렸습니다. 그 이후로 일본을 오가며 조금씩 공부를 하고, 나름대로 연구를 하며 노하우를 익혔습니다.

눈으로 보기엔 너무 쉬워 보이는 하바리움이지만, 막상 만들려고 하면 어려움이 많습니다. 디자인, 색상 조합, 포장 방법, 보관 방법 등 A부터 Z까지 하바리움을 만드시고 싶은 분들을 위한 책입니다. 꽃 소재를 구매하더라도 만들고 남는 소재를 다시 활용하기가 어렵다고 많은 분들께서 이야기해 주셨습니다. 그래서 저는 그 점을 보완하여 한 가지 소재로 여러 가지 작품에 활용할 수 있도록 실용성도 생각하며 이 책을 썼습니다.

하바리움을 연구하고 만들면서 저는 늘 행복을 느꼈습니다. 누구나 쉽게 접하고 만들면서 저와 같은 행복을 느낄 수 있었으면 좋겠습니다.

권미라

What is a Herbarium?

하바리움이란?

식물표본이란 뜻을 가진 '하바리움(Herbarium)'의 일본식 발음이 굳어진 이름이에요. 하바리움(Herbarium)은 식물을 뜻하는 허브(Herb)와 수족관을 의미하는 아쿠아리움(Aquarium)의 합성어로 꽃(Flower)을 사용해서 만든다고 해서 하바플라리움(Herbaflorium)이라고도 불리고 있어요.

일본에서 유행하기 시작해서 요즘에는 국내에도 커다란 인기를 끌고 있는 소품 아이템 중 하나랍니다. 꽃집이나 카페에서도 쉽게 찾아볼 수 있어요.

투명한 병에 보존기능이 있는 하바리움 오일을 프리저브드 플라워, 드라이 플라워와 함께 디자인해서 만듭니다. 오래도록 생화 느낌 그대로 감상할 수 있게 하는 것이 특징입니다. 간단한 아이템으로 화사한 분위기를 연출해 보세요.

Contents

차례

인사말 04
하바리움이란? 06
도구와 재료 14

PART 01
하바리움 소품 만들기

Chapter 01 | 플라워 소재로 만드는 소품
- 행복한 사랑, 장미 28
- 소녀의 꿈, 수국 32
- 약속의 꽃, 안개꽃 36
- 희망과 평화, 데이지 40
- 변치 않는 사랑, 천일홍 44
- 영원히 기억해, 로단테 48
- 대답해 주세요, 라벤더 52
- 통통 튀는 귀여움, 라이스 플라워 56

Chapter 02 | 다양한 소재로 만드는 소품
- 당신의 친절에 감사합니다, 라그라스 64
- 봄의 사랑, 포아플란츠 68
- 우아한 라인, 고아나크로 72
- 추억, 유칼립투스 76
- 맑고 투명한, 스켈레톤 잎 80
- 인내는 쓰고 열매는 달다, 타타리카 84
- 당신께 내 모든 것을 드립니다, 냉이초 88

- 변치 않는 소중함, 루스커스　　　　　　　　　　92
- 두근두근, 하트 잎　　　　　　　　　　　　　　96
- 시원한 향을 가진, 티트리　　　　　　　　　　100
- 비밀스러운 애정, 에린기움　　　　　　　　　104
- 동글동글, 페퍼베리　　　　　　　　　　　　108
- 차분한 느낌, 믹스 너트　　　　　　　　　　　112
- 상큼 달달, 오렌지　　　　　　　　　　　　　116

Chapter 03 | 사계절 소품
- 봄의 소리, 따듯한 햇살과 꽃향기　　　　　　122
- 여름의 축제, 푸른 바닷속　　　　　　　　　　126
- 가을의 기억, 풍요로운 수확 계절　　　　　　130
- 겨울의 설렘, 메리 크리스마스!　　　　　　　134

Chapter 04 | 더 특별한 소품
- 감사의 달, 카네이션　　　　　　　　　　　　140
- 미녀와 야수, 장미 한 송이　　　　　　　　　144
- 축하해요, 미니 꽃다발　　　　　　　　　　　148
- 반짝반짝, 전구 무드등　　　　　　　　　　　152
- 사각사각, 하바리움 볼펜　　　　　　　　　　156

PART 02
하바리움 포장하기

- 스티커   162
- 리본   163
- 태슬   164
- 실링왁스   165
- 종이 택   166
- 비닐 포장   167
- 상자 포장   168
- 플라워 상자 응용 포장   169

PART 03
프리저브드 플라워 / 드라이 플라워 만들기

· 프리저브드 플라워 VS 드라이 플라워	172
· 프리저브드 DIY(보존화 만들기)	173
· 프리저브드 DIY 기본 재료	174
· [침전법] 프리저브드 장미 만들기	176
· [올림법] 프리저브드 안개꽃 만들기	180
· [올림법] 프리저브드 유칼립투스 만들기	181
· 프리저브드 플라워와 프리저브드 DIY 용액	182
· 프리저브드 DIY 주의사항	183
· 드라이 플라워 DIY	184
· 드라이 플라워 기본 재료	185
· 꽃 다듬기와 자연 건조법	186
· 실리카겔 건조법	187
· 식품건조기 건조법	188
· 드라이 플라워 보관 방법 및 주의사항	189
· 프리저브드 플라워 구입 방법	190

Prologue

·

Herbarium

: 시작하기 전에

하바리움 만들기에 필요한 기본 도구와 재료들을 소개할게요.
하바리움 오일에 대한 내용과 용기를 고르는 방법, 플라워 소재는 어떤 것을 고르면 좋을까, 고민이셨던 분들을
위해서 플라워 소재에 대한 내용도 담았습니다.
멋진 하바리움 작품을 위한 첫 발걸음이에요!

도구와 재료

도구와 재료

하바리움 만들기에 기본적으로 필요한 재료를 소개할게요. 요즘에는 간편하게 인터넷으로 쉽게 구매할 수 있어요. 직접 보고 구매하고 싶으신 분들은 오프라인 프리저브드 자재 판매점을 이용하세요.

1 하바리움 전용 오일
식물표본 오일입니다. 미네랄 오일, 실리콘 오일 등이 있습니다.

2 용기
투명하고, 뚜껑이 있는 용기를 사용해 주세요.

3 프리저브드 플라워
생화를 약 3년 동안 시들지 않게 가공한 꽃입니다. 생화와 같이 부드럽고 부서짐이 없어 가장 많이 사용하는 소재입니다.

4 드라이 플라워
생화를 말린 소재예요. 생화를 드라이 플라워로 가공해서 사용할 경우에는 꼭 수분이 없도록 바짝 말려서 사용하세요.

5 가위
꼭 원예용 가위를 사용할 필요는 없어요. 일반 가위도 괜찮습니다.

6 핀셋
꽃 소재를 용기에 넣을 때나 위치를 조정할 때 사용해요. 긴 것과 짧은 것 고루 갖춰두면 작업할 때 편리합니다.

용기 선택

- 오일이 새지 않도록 뚜껑이 있는 것을 사용합니다. 코르크 마개로 된 뚜껑은 오일이 샐 수 있어요. 용기를 기울이지 않는다는 가정하에는 사용하셔도 좋아요.

- 투명도가 높은 용기를 사용하세요. 유리병은 공정에 따라 안쪽에 살짝 굴곡져 보일 수 있어요. 컬러나 음각이 들어간 용기는 플라워 소재가 잘 안보일 수 있습니다.

- 유리, PP(폴리프로필렌), 플라스틱 소재 모두 가능해요. PP, 플라스틱 소재의 용기는 깨지지 않고, 저렴한 편이라 많이 사용되고 있지만 오일의 증기성 때문에 살짝 새어 나올 수 있어요.

- 사용할 꽃(재료)의 사이즈와 병 입구의 사이즈를 본인이 만들고 싶은 작품에 맞게 선택하세요. 가지고 있는 병을 재활용할 경우에는 반드시 수분이 없게 건조한 후 사용해 주세요.

오일 종류 및 선택 방법

① 미네랄 오일

국내에서 판매되는 하바리움 오일은 대부분 미네랄 오일 성분입니다. 가격이 저렴한 편이며, 가장 많이 사용하는 하바리움 오일이에요. 미네랄 오일 성분은 빛을 반사하고 굴절률이 좋아 다른 오일보다 더 화려하고 본래의 꽃 크기보다 부피가 큰 느낌으로 완성돼요. 온도가 영하로 떨어지면 얼지는 않지만, 뿌옇게 흐려질 수 있으니 겨울철 보관에 주의해 주세요.

② 실리콘 오일

미네랄 오일보다 비싼 편이나 온도에 변화가 없으며, 인화점이 높습니다. 또한, 프리저브드 소재를 오일에 넣었을 때 염료가 빠져 나와 착색되는 경우가 거의 없어요. 실리콘 오일 성분의 하바리움 오일은 국내에서는 제품군이 다양하지 않고 대부분 일본 수입산이 많아요.

③ 점도

하바리움 오일의 점도가 높으면 높을수록 걸쭉한 타입의 오일이에요. 점도가 높을수록 하바리움 오일을 용기에 넣을 때 기포가 많이 생기게 돼요. 용기를 살짝 기울여서 벽면을 따라 용액을 주입하면 기포를 최소화할 수 있어요.

점도가 높은 하바리움 오일은 낮은 하바리움 오일보다 고정력이 조금 더 있어요. 그렇다고해서 점도가 높은 오일이 소재를 완전하게 고정할 수는 없어요. 재료가 하바리움 오일 위로 떠오르는 것을 어느 정도는 잡아 주지만 완벽히 떠오르지 않게는 할 수 없습니다. 이런 부분은 다른 소재와 섞어서 보완하면 디자인의 완성도를 높일 수 있어요.

제작 시 사용자마다 용이성과 편의성이 다르기 때문에 원하는 점도의 제품을 사용하는 것을 추천해요.

하바리움 오일의 위험성 및 주의사항

- 인화, 폭발 위험성이 거의 없어요.
- 경구 및 흡입, 피부 접촉에 대한 유해성이 거의 없어요.
- 눈, 점막 접촉에 의한 일시적 자극이 일어날 가능성이 있어요.
- 화기에 주의하고, 직사광선을 피하여 서늘한 곳에 보관해요.
- 반려동물이나 유아동이 먹지 않도록 주의를 기울여 주세요.
- 화기, 전류, 고온의 장소에서 절대 사용하지 마세요.
- 반려동물, 유아동의 손이 닿지 않는 곳에 보관하세요.
- 프리저브드 소재나 완전히 말린 드라이 플라워를 사용하세요.
- 물이 들어가면 용액이 뿌옇게 변하거나 곰팡이가 생길 수 있어요.

응급조치

- 인체에 무해하나 안구에 용액이 들어갔을 경우에는 즉시 흐르는 물 또는 식염수로 씻어 낸 후, 전문의 진찰을 받으세요.
- 피부에 닿았을 경우에는 마른 천으로 닦아낸 후 흐르는 물과 비누로 씻어 주세요.
- 입으로 들어갔을 경우에는 입안에 남은 것을 제거한 후 신속하게 의사 진단을 받으세요.

꽃 종류 및 선택 방법

하바리움 소품을 만들기 위해서는 시중에서 쉽게 구할 수 있는 프리저브드 플라워 또는 드라이 플라워를 사용해요. 프리저브드 플라워나 드라이 플라워는 생화 소재로 만들어지기 때문에 외부충격에 약해요. 작업 시 조심히 다루어 주세요. 생화는 수분이 있어 곰팡이의 원인이 되고, 하바리움 오일이 뿌옇게 변할 수 있기 때문에 드라이 플라워로 가공 후 사용하세요. 꽃 재료에 수분이 없는 것이 매우 중요해요.

또한 하바리움 오일에 들어가는 꽃 재료가 색이 너무 진하거나 연하면 착색과 탈색이 되는 경우가 있어요. 제작 전에 하바리움 오일에 테스트를 해 보시는 것을 추천합니다.

1 장미
드라이 플라워와 달리 프리저브드 플라워는 부서짐이 거의 없기 때문에 작업할 때 편리하고, 화형을 그대로 살려 디자인할 수 있습니다. 컬러도 다양해서 선택의 폭이 넓어요.

2 장미(스템)
줄기(스템)까지 프리저브드 플라워로 제작된 소재입니다. 보통은 꽃송이만 있는 형태인데, 줄기까지 되어 있는 경우 디자인의 폭이 더 넓어져 유용하게 사용할 수 있어요.

3 카네이션
어버이날, 스승의날에 인기가 많은 소재예요. 스탠다드 카네이션보다 미니 카네이션이 하바리움 디자인에 더 활용하기 좋아요.

4 백일홍(지니아)
용기 입구가 좁은 경우 중앙부터 손으로 가볍게 눌러 넣으면 손쉽게 들어가요. 흰색 백일홍은 하바리움 오일(미네랄 오일)에 넣을 경우 거의 투명한 형태가 되어 버립니다. 그래서 컬러가 있는 것을 더 많이 사용해요.

5 수국
수국은 품종에 따라 다양한 크기와 화형을 가지고 있어요. 하바리움 디자인에서 정말 많이 사용하는 소재예요. 컬러도 다양하고, 오일에 들어갔을 때 하늘하늘한 느낌을 주거든요. 컬러와 종류에 따라 하바리움 오일에 넣었을 때 반투명처럼 변하기도 해요.

6 이끼(모스)
대부분 용기 맨바닥을 장식할 때 사용하는 소재입니다. 부산물이 떠오르지 않게 작업 전에 털어 주세요.

7 안개꽃
알이 작은 미니 안개꽃부터 우리가 흔히 알고 있는 알이 활짝 핀 일반 안개꽃까지 다양해요. 가지가 많은 소재라서 하바리움 오일 위로 다른 소재가 떠오르는 것을 방지할 수 있어요.

8 금작화(브룸)
안개꽃과 비슷한 모양이에요. 금작화도 가지가 많은 편이라 하바리움 디자인에 유용하게 사용됩니다.

9 실버 데이지
가격도 저렴하고, 컬러도 다양해서 인기가 많은 소재예요. 대부분 줄기를 모두 자르고 꽃송이만 사용해요. 입구가 좁은 용기에 넣을 때는 중앙부터 손으로 살짝 눌러 넣어 주세요.

10 암모비움
드라이 플라워로 쉽게 만들어서 사용해 보세요. 부산물이 떨어질 수 있으니 작업 전 가볍게 털어 주세요.

11 익소디아
꽃송이가 작은 소재예요. 포인트 소재로 활용하기 좋아요.

12 헬리크리섬
화려한 컬러가 매력적인 소재예요. 드라이 플라워로 만들기도 쉽습니다. 줄기까지 사용해도 좋고, 꽃송이만 잘라서 사용하기도 해요. 디자인에 따라 원하는 것으로 선택하세요.

13 천일홍
줄기째 사용하기도 하고, 꽃송이만 사용하기도 해요. 드라이 플라워 된 천일홍은 부산물이 많이 떨어지는 편이에요. 용기에 넣기 전에 털어 주세요.

14 라벤더
메인이나 서브로 사용해도 좋은 소재입니다. 디퓨저나 캔들을 장식할 때도 인기가 많아요.

15 미스티블루
가지가 많고, 부피가 있어서 용기가 꽉 차 보이는 느낌이 드는 소재예요. 드라이 된 미스티블루는 부산물이 많이 떨어져요. 용기에 넣기 전에 털어 주세요.

16 에린기움
작은 선인장 같은 느낌을 주는 소재예요. 에린기움 만의 독특한 분위기가 매력적이에요. 드라이 플라워로 제작해서 사용해도 좋아요.

17 니겔라 오리엔탈리스
위에서 보면 별 모양처럼 생긴 소재예요. 메인 소재로 활용해도 충분해요.

18 셜리포피(셜리양귀비)
우드 느낌이 나는 소재예요. 용액 위로 떠오를 수도 있으니 다른 소재와 함께 사용해서 보완하세요.

19 페퍼베리
동글동글한 열매가 포도송이처럼 가득한 소재예요. 다양한 디자인에 활용하기 좋아요. 소재가 약한 편이라 깨지지 않게 조심히 다뤄 주세요.

20 버질리아
동글동글한 소재예요. 컬러는 다양하지 않지만, 줄기에 있는 잔가지를 함께 사용하면 싱그러운 느낌과 독특한 분위기를 낼 수 있어요.

21 이모르텔
작은 꽃송이지만 볼륨감이 있어 공간을 채우기 좋은 소재예요. 꽃송이만 잘라 사용하거나 줄기째 사용해도 좋아요.

22 스타 플라워
아주 작은 꽃송이 소재예요. 포인트 소재로 활용하기 좋아요. 작은 하바리움 디자인을 만들 때 많이 사용하기도 해요.

23 포아플란츠(파라리스)
컬러도 다양하고 적당한 부피로 공간 채우기도 좋아 많이 사용하는 소재 중 하나예요. 송이만 잘라 사용하거나 줄기째 사용해도 좋아요.

24 라그라스
털이 보송보송 나있는 귀여운 소재예요. 따듯하고 하늘하늘한 느낌으로 디자인이 완성돼요. 컬러도 원톤, 투톤으로 다양해서 선택의 폭이 넓어요.

25 허니테일
라그라스 크기보다 좀 더 작은 소재입니다. 작은 하바리움 디자인을 제작할 때는 허니테일을 사용해도 좋아요.

26 버튼 플라워
귀여운 단추 모양의 소재예요. 포인트 소재로 사용해요.

27 아마레리 플라워
버튼 플라워와 비슷하게 생겼지만 좀 더 작은 사이즈의 소재예요. 작은 하바리움 디자인을 제작할 때 유용해요.

28 린 플라워
용기 속에 넣을 미니 꽃다발 디자인을 제작할 때 포인트 소재로 활용할 수 있어요. 단독으로 활용 시, 소재가 떠오를 수 있으니 다른 가지가 많은 소재를 함께 사용해서 보완하세요.

29 아스파라거스
길쭉하고 얇은 잎이 좀좀하게 피어 있는 소재예요. 다른 소재들이 하바리움 오일 위로 떠오르는 것을 방지해요.

30 고아나크로
얇은 곡선의 잎이 특징인 소재예요. 가지가 긴 갈고리 모양으로 다른 소재들이 하바리움 오일 위로 떠오르는 것을 방지해요.

31 냉이초
잎 모양이 작고 빼곡하게 있어 용기에 넣었을 때 부피가 있어 보이는 소재예요. 잎 형태 때문에 다른 소재가 하바리움 오일 위로 떠오르는 것을 방지하기도 해요.

32 티트리
얇고 긴 모양의 잎을 가진 소재예요. 부드럽고 모던한 느낌의 소재라서 다른 소재와 함께 디자인하기 좋아요.

33 스토베
네추럴한 소재로 다른 소재와 함께 사용하기 좋아요.

34 편백
가을, 겨울 느낌이 나는 디자인에 많이 활용해요.

35 루스커스
하바리움 디자인에 많이 사용하는 잎 소재 중 하나예요. 줄기가 길고, 끝까지 잎이 나 있어서 활용도가 높아요.

36 유칼립투스 블랙잭
유용하게 사용하는 잎 소재예요. 유칼립투스 종류들은 무난해서 다른 소재와 쉽게 매치하기 좋아요.

37 유칼립투스 파바폴리아
잎 크기가 작은 유칼립투스예요. 작은 하바리움 디자인에 사용하면 좋아요.

38 타타리카
아주 작은 꽃이 피어 있는 소재입니다. 작업할 때 부산물이 많이 떨어지는 편이에요. 하지만 풍성한 느낌을 주기 때문에 전구 모양의 통통한 용기에 꽉 채우기 좋아요.

39 하트 잎
하트모양의 잎 소재예요. 디자인 포인트로 사용하면 좋아요.

40 스켈레톤 잎
이름대로 투명한 잎 소재예요. 잎맥이 그대로 드러나 포인트 소재로 활용하면 좋아요. 흰색의 경우 하바리움 오일에 들어가면 거의 보이지 않아요.

41 솔방울
가을, 겨울 디자인에 많이 사용해요. 미니 솔방울의 경우 하바리움 오일 위로 떠오를 수 있으니 다른 소재와 매치해서 떠오르지 않게 방지해 주면 좋아요.

42 열매류
열매류는 속이 비어 있는 경우가 많아요. 그래서 하바리움 오일 위로 떠오를 수 있어요. 한 알씩 단독으로 잘라서 사용하기보다 여러 송이로 잘라 사용하는 게 떠오름을 막을 수 있어요.

43 시나몬
가을, 겨울 디자인에 포인트 디자인으로 사용하기 좋아요. 길이가 길 때는 커터 칼로 조심스럽게 잘라 주세요.

PART
01
·

Herbarium

: 하바리움 소품 만들기

투명한 보틀에 예쁜 꽃 소재들이 한가득한 소품을 보신 적 있나요?
나도 만들어 보고 싶고, 배우고 싶지만 뭐든 처음 시작할 때는 망설여지죠.
하바리움은 어렵지 않아요. 쉽고, 예쁘게 만드는 방법을 이 책에서 알려드릴게요.
저의 작은 노하우가 여러분에게 도움이 되길 바랍니다.

Chapter 01

플라워 소재로 만드는 소품

플라워 소재로 만드는 하바리움 디자인이에요. 프리저브드 플라워, 드라이 플라워 모두 사용 가능해요. 다양한 꽃 소재로 디자인해 보세요!
책과 똑같은 재료를 사용하지 않아도 괜찮아요. 비슷한 모양, 비슷한 색으로 만들어도 충분히 멋진 나만의 하바리움이 완성될 거예요!

Made from flowers

행복한 사랑, 장미

꽃 하면 떠오르는 대표적인 꽃이에요. 저는 미니 장미를 예쁘게 말려 사용했지만 프리저브드 미니 장미를 사용해도 좋아요. 소재의 종류에 따라 다르지만 대체로 꽃잎이 얇고, 밝은 파스텔 또는 흰색 계통의 꽃잎은 하바리움 오일에 들어가면 꽃잎이 오일에 젖으면서 살짝 반투명한 느낌으로 완성돼요. 실리콘 오일은 그런 현상이 덜하지만, 국내에서는 미네랄 오일 성분의 하바리움 오일을 더 쉽게 구할 수 있으니 작업할 때 참고해 주세요.

Materials

| 사각형 보틀(100mL) | 1개 |

Flowers

안개꽃	1줄기
미니 장미	2송이
페퍼베리	약간(두 가지 색)
수국	약간
고아나크로	1줄기

How To Make

1. 안개꽃을 보틀 바닥에 넣을 수 있는 적당한 길이로 손질해 주세요.
2. 고아나크로는 안개꽃보다 길게 잘라 주세요.
3. 그린 페퍼베리를 작은 송이로 잘라 주세요.
4. 아이보리 페퍼베리도 그린 페퍼베리와 비슷한 크기로 준비해 주세요.
5. 예쁘게 드라이가 된 미니 장미의 줄기를 짧게 잘라 주세요.
6. 수국의 줄기를 짧게 잘라 주세요.

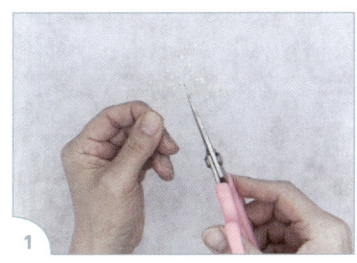

how to make

7   손질을 완료한 재료입니다.

8   안개꽃을 먼저 넣어 주세요.
> TIP 안개꽃 몇 송이를 꽃봉오리 부분이 바닥으로 향하게 하면 빈 곳을 채울 수 있어요.

9   수국을 안개꽃 위에 넣어 주세요.

10 미니 장미 한 송이를 밖에서 잘 보일 수 있게 넣어 주세요.

11 미니 장미 뒤쪽의 비어 있는 공간에 핀셋을 이용하여 수국을 채워 주세요.

12 그린 페퍼베리를 넣어 주세요.
> TIP 페퍼베리를 넣기 전에 가볍게 털어 주세요. 부산물이 떠다닐 수 있어요.

13 남은 미니 장미를 얹어 주세요.

14 아이보리 페퍼베리를 빈 공간에 넣어 주세요.

15 그린 페퍼베리를 아이보리 페퍼베리 위에 넣어 주세요.

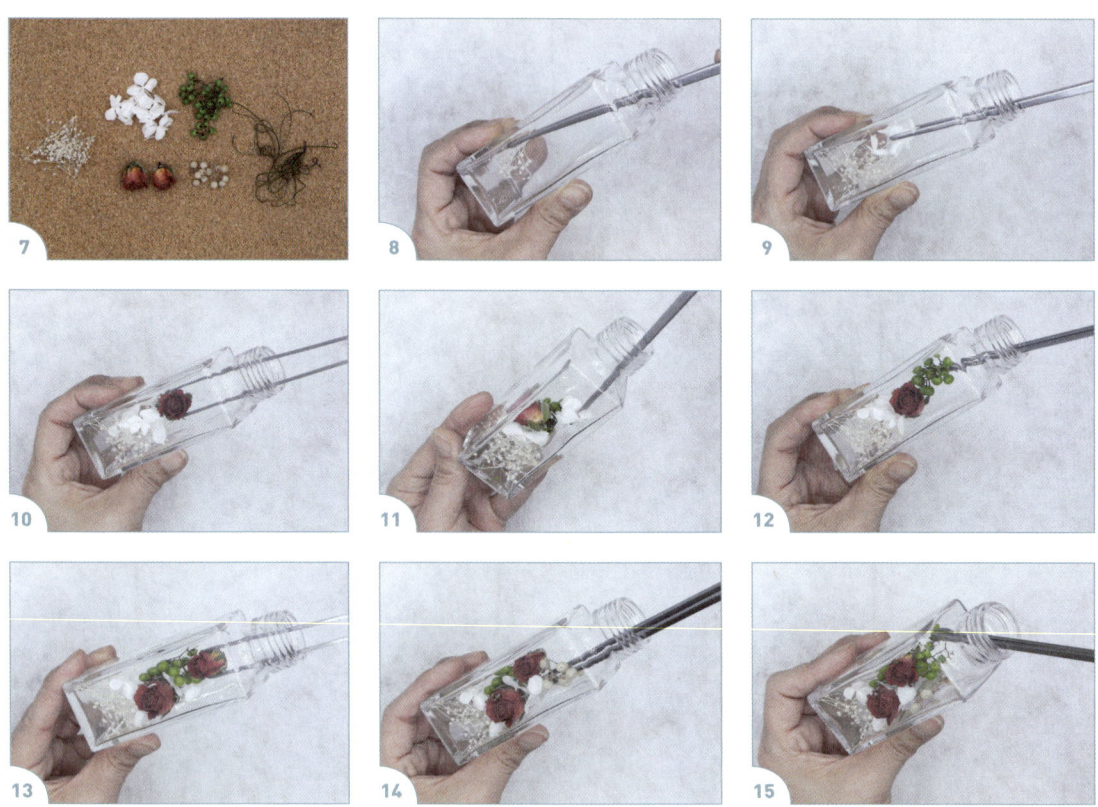

how to make

16 고아나크로를 넣어 마무리해 주세요.
> **TIP** 가지가 많은 소재는 오일이 들어갔을 때, 꽃 소재가 위로 떠오르는 것을 방지를 해 줍니다.

17 오일을 넣어 주세요.
> **TIP** 오일을 주입할 때 병을 기울여 벽면을 타고 흘러내리도록 천천히 주입해 주세요. 꽃 소재가 눌리지 않고 기포도 덜 생겨요.

18 장미를 포인트로 한 하바리움 완성!

16

17

18

Made from flowers
소녀의 꿈, 수국

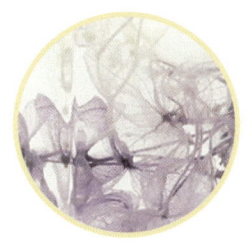

하늘하늘한 수국이 가득한 디자인이에요. 수국은 하바리움 디자인에 많이 사용하는 인기 있는 소재예요. 흰색이 섞인 그러데이션 수국이 작업하기 수월하지만, 없을 때는 원톤 수국을 세 가지 정도로 색을 나눠서 만들어도 훌륭한 작품이 됩니다.

Materials

육각형 보틀 (150mL)　　1개

Flowers

수국　　적당량 (그러데이션)
구슬　　5개

 **How To Make**

1 그러데이션 수국을 짧게 잘라 다듬어 주세요.
   　TIP 너무 큰 덩어리로 다듬지 마세요. 수국의 하늘거림이 약해져요.
2 손질을 완료한 재료입니다.
   　TIP 저는 그러데이션 수국을 사용했지만, 색을 맞춰 일반 수국을 사용해도 좋아요.
3 진한 색의 수국부터 넣어 주세요.
4 구슬 2개를 다른 위치에 넣어 주세요. 구슬을 너무 안쪽에 넣으면 보이지 않게 되니 주의하세요.
5 중간색의 수국을 넣어 주세요.
6 구슬 2개를 각각 다른 위치에 넣어 주세요. 먼저 넣은 구슬과 수직이 되지 않게 넣어 주세요.

  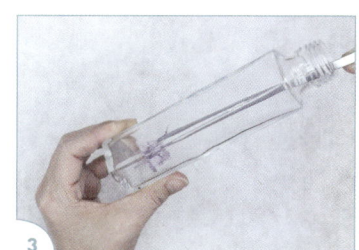

7 밝은색 또는 흰색 수국으로 채워 주세요.
8 마지막 구슬을 수국 위에 넣어 주세요.
9 오일을 넣어 주세요.
10 하늘하늘한 수국 하바리움 완성!

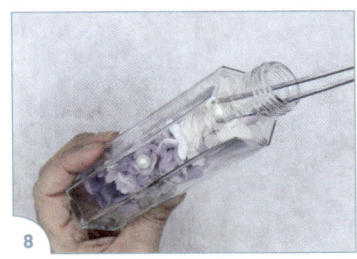

수국 보관 방법

하바리움 디자인에 많이 사용하는 수국은 미리 잘라 다듬어
놓으면 작업하기 훨씬 수월해요.
칸막이 트레이나 수납박스를 활용해 보세요!

Made from flowers

약속의 꽃, 안개꽃

안개꽃은 남녀노소가 좋아하는 꽃 소재예요. 안개꽃만 들어가도 너무 예쁘죠. 작은 봉오리 안개꽃, 활짝 핀 눈송이 같은 안개꽃 모두 사용해도 좋아요. 안개꽃처럼 가지가 많이 뻗은 소재는 아주 유용해요. 꽃 소재가 하바리움 오일 위로 떠오르지 않게 고정해 주거든요. 이 특성을 활용해서 다양한 꽃 소재를 사용하여 자기만의 멋진 작품을 만들어 보세요.

Materials

사각형 보틀(150mL)	1개

Flowers

안개꽃	2~3줄기
수국	약간
페퍼베리	약간(두 가지 색)

How To Make

1 안개꽃을 보틀에 들어갈 수 있는 적당한 길이로 잘라 주세요.
2 수국을 안개꽃보다 짧게 잘라 주세요.
3 핑크 페퍼베리를 작은 송이로 다듬어 주세요.
4 아이보리 페퍼베리를 작은 송이로 다듬어 주세요.
5 손질을 완료한 재료입니다.

how to make

6 수국을 넣어 주세요.
     TIP 보틀이 길 때는 긴 핀셋을 사용하면 작업하기 편해요.

7 안개꽃을 수국 위에 넣어 주세요.
     TIP 안개꽃은 가지가 많아 오일을 넣었을 때 밑에 있는 소재가 용액 위로 뜨는 것을 방지해줘요.

8 핑크 페퍼베리를 안개꽃 위에 올려 주세요.
     TIP 페퍼베리를 넣기 전에 가볍게 털어 주세요. 부산물이 떠다닐 수 있어요.

9 준비한 아이보리 페퍼베리의 절반을 핑크 페퍼베리 옆에 넣어 주세요.

10 안개꽃의 꽃봉오리를 위로 향하게 올려 주세요.

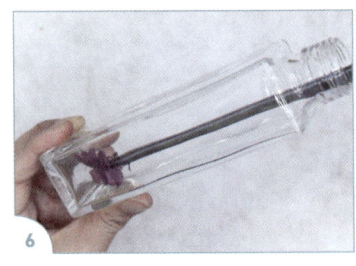
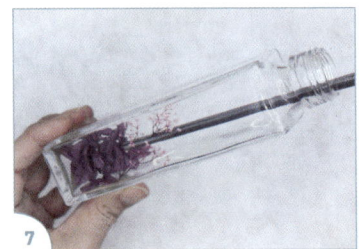
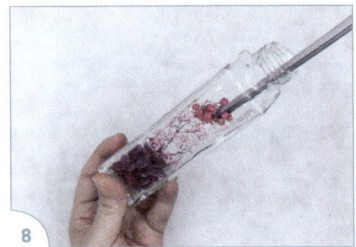

11 남은 아이보리 페퍼베리를 넣어 주세요.
12 오일을 넣어 마무리해 주세요.
13 주연같은 조연의 안개꽃 하바리움 완성!

Made from flowers

희망과 평화, 데이지

프리저브드 실버 데이지는 부피가 크고, 가격도 저렴해서 많이 사용하는 재료입니다. 데이지처럼 꽃 크기가 크면 봉오리를 위쪽으로 하고 꽃 중앙을 손으로 살짝 눌러 보틀 안으로 넣고, 핀셋으로 위치를 잡아 주면 편하답니다. 꽃잎이 보틀 안에서 떨어졌을 경우에는 보틀을 뒤집어서 살짝 털어 주면 좋습니다. 그런 후 다시 핀셋으로 위치 잡아 주는 것도 잊지 마세요!

Materials

원형 보틀(200mL)   1개

Flowers

로열 수국   약간
실버 데이지   3송이

How To Make

1. 실버 데이지의 줄기를 짧게 잘라 주세요.
2. 로열 수국의 줄기를 짧게 잘라 손질해 주세요.
   > **TIP** 로열 수국은 잎이 큰 편이라 많이 필요하지 않아요.
3. 손질을 완료한 재료입니다.
4. 로열 수국을 2~3개 넣어 주세요.
5. 보틀의 정면을 정하고, 실버 데이지를 보틀 밖에서 정면으로 보이게 한 송이를 넣어 주세요.
   > **TIP** 꽃 중심부터 손으로 살짝 밀어 넣어 주면 손쉽게 들어갑니다.
6. 로열 수국을 2~3개 넣어 주세요.

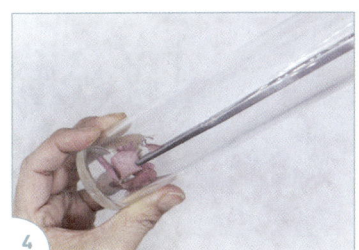  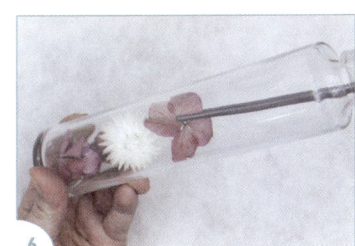

7 　실버 데이지 한 송이를 정면 방향으로 넣어 주세요.
8 　로열 수국을 2~3개 넣어 주세요.
9 　나머지 실버 데이지 한 송이를 넣어 주세요. 그다음 필요에 따라 수국을 더 올려 주셔도 좋습니다.
10　오일을 넣어 주세요.
11　희망과 평화를 상징하는 데이지 하바리움 완성!

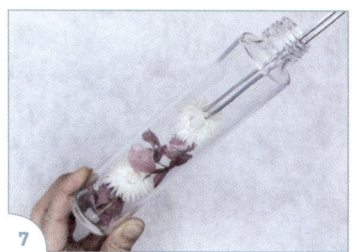

일러스트 필름지

일러스트 필름지를 활용해 보세요!
일러스트가 인쇄된 투명 필름지를 함께 넣으면
나만의 특별한 디자인을 완성할 수 있어요.

Made from flowers

변치 않는 사랑, 천일홍

손쉽게 구할 수 있는 재료 중 하나에요. 천일홍은 작고 동글동글한 모양부터 살짝 긴 모양까지 다양하고 컬러도 여러 가지로 있어요. 저는 작고 동글동글한 모양의 천일홍을 구매해서 직접 프리저브드로 제작하여 사용했습니다. 프리저브드 천일홍을 보틀 속에 넣을 때는 꽃잎이 부서지지 않도록 주의해 주세요.

Materials

위스키 보틀(200mL)   1개

Flowers

천일홍   3송이
냉이초   1~2줄기
수국   약간

How To Make

1   천일홍의 길이를 모두 다르게 잘라 준비해 주세요.
2   냉이초의 길이도 조금씩 다르게 잘라 주세요.
3   수국은 작은 덩어리 느낌으로 다듬어 주세요.
4   손질을 완료한 재료입니다.
5   수국을 넣어 주세요.
6   길이가 짧은 천일홍 두 송이를 먼저 넣어 주세요.

7 냉이초를 넣어 주세요.

> **TIP** 냉이초를 넣을 때 서로 다른 방향으로 'X'자가 되게 넣어 주면 먼저 넣은 재료가 용액 위로 떠오르는 것을 방지합니다.

8 길이가 제일 긴 천일홍을 냉이초 사이에 꽂아 주세요.

9 오일을 넣어 주세요.

10 위스키 보틀을 활용한 천일홍 하바리움 완성!

Made from flowers

영원히 기억해, 로단테

로단테(노단새)는 하늘하늘한 꽃잎이 특징인 꽃이에요. 활짝 핀 꽃과 덜 핀 꽃을 같이 넣어주면 본래의 내추럴한 느낌으로 작품을 만들 수 있어요. 병에 한두 송이만 넣어도 근사한 작품으로 완성됩니다. 로단테만으로 부족하다면 저처럼 베어그라스를 함께 사용해 보는 건 어떨까요?

Materials

사각형 보틀(200mL)   1개

Flowers

로단테(노단새)   4~6송이
베어그라스   1줄기

How To Make

1. 준비한 보틀의 길이보다 짧게 로단테 줄기를 잘라 다듬어 주세요.
2. 베어그라스가 너무 길면 적당한 길이로 잘라 주세요. 그대로 사용해도 좋습니다.
3. 손질을 완료한 재료입니다.
4. 베어그라스를 손으로 돌돌 말아 주세요.
5. 베어그라스를 넣어 주세요.
6. 베어그라스가 보틀 안에서 자연스럽게 풀리도록 핀셋으로 정리해 주세요.

 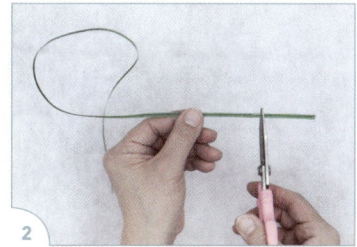 
  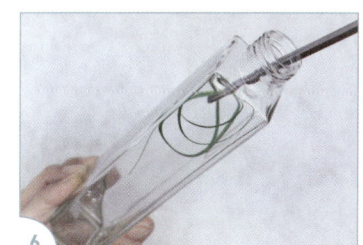

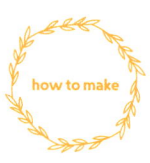

how to make

7 로단테를 넣어 주세요.

TIP 길이가 짧은 것부터 넣어 주면 작업하기 편리합니다.

8 베어그라스를 핀셋으로 정리해 주세요.

9 오일을 넣어 주세요.

10 꽃말처럼 영원히 기억하고 싶은 로단테 하바리움 완성!

7

8

9

10

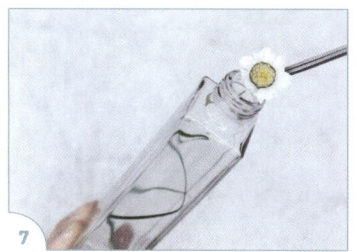

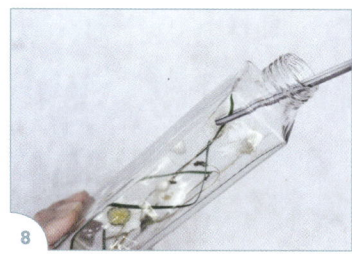

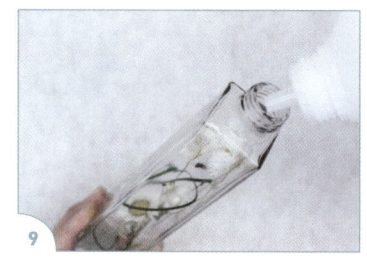

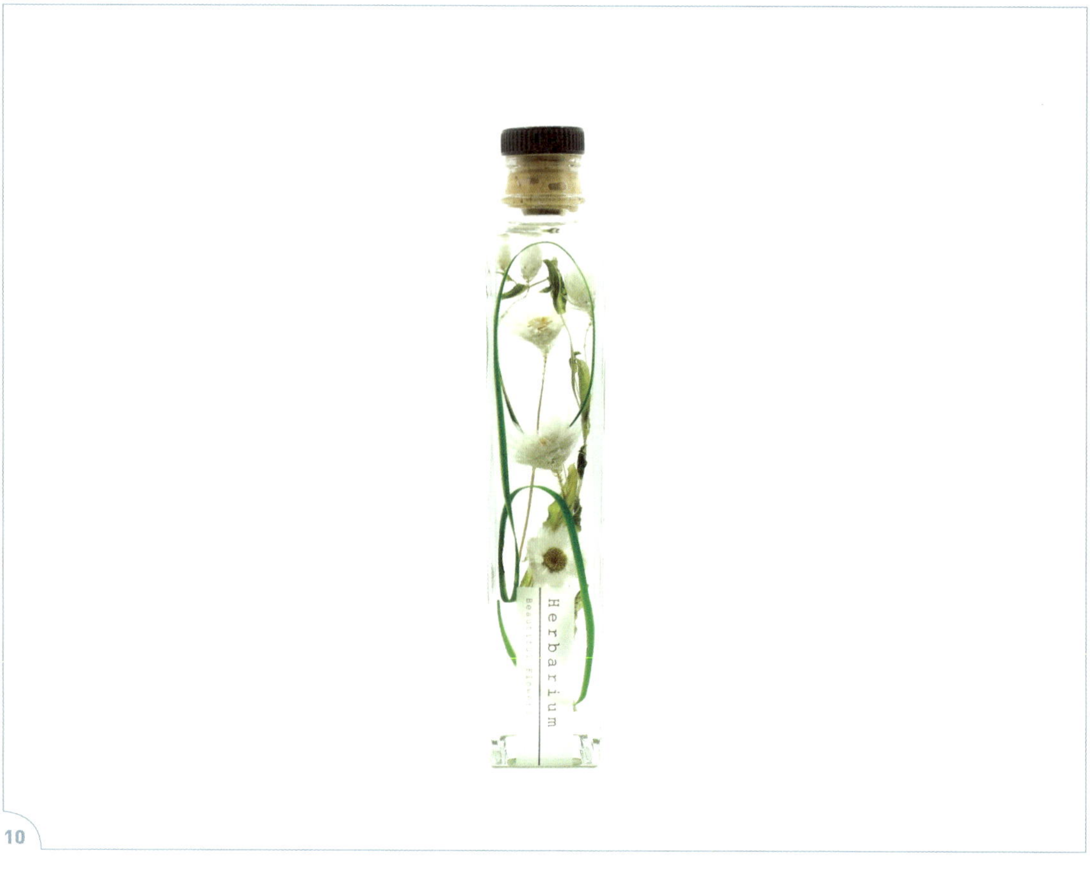

오일 샘 방지

용기에 종류에 따라 다르지만 대부분 플라스틱 재질의 용기를 사용하다 보면 오일의 증기성 때문에 새기도 합니다. 이럴 때 어떤 방법을 사용하면 오일 샘을 방지할 수 있는지 알려드릴게요!

공기(기포)빼기

플라워 소재 사이사이에 있던 공기들이 빠져나오지 못한 채로 뚜껑을 닫아 버린다면 오일의 증기성 때문에 기포가 위로 올라오며 조금씩 새게 됩니다. 이럴 때는 뚜껑을 열어 놓고 기포가 어느 정도 빠지길 기다려 주세요. 조금 더 빨리 공기를 빼고 싶다면 용기 옆구리를 살짝 통통 쳐보세요. 재료 사이사이에 있던 공기가 뽀글뽀글 올라올 거예요!

실링지

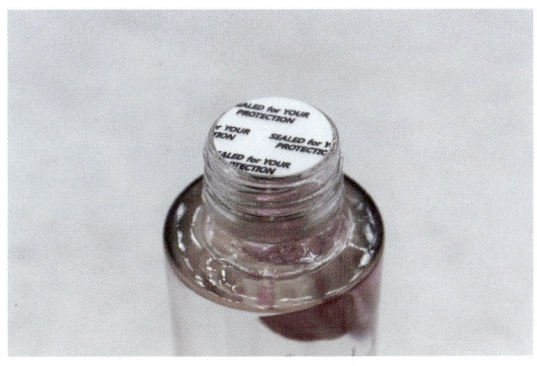

가장 간편한 방법은 실링지를 사용하는 방법입니다. 입구 크기와 맞는 실링지를 글씨 부분이 위로 보이게 올려놓고, 뚜껑을 닫아 10분 정도 지나면 완료됩니다. 실링지로 처리할 때는 입구 부분에 오일 잔여물이 없도록 닦아 주세요.

Made from flowers

대답해 주세요, 라벤더

라벤더 향기를 좋아하시나요? 라벤더는 많은 사람들이 좋아하는 꽃이에요. 향기가 매우 좋죠. 이 라벤더로 작은 미니 꽃다발을 만들어 보틀 안에 넣어 선물하는 건 어떨까요? 특별한 선물이 될 거예요.

Materials

사각형 보틀(150mL)	1개

Flowers

수국	약간
니겔라	1송이
라그라스	2송이
라벤더	4~5줄기

How To Make

1. 라벤더를 조금씩 다른 길이로 보틀에 들어갈 수 있게 잘라 주세요.
2. 니겔라는 라벤더보다 짧게 손질해 주세요.
3. 라그라스는 니겔라보다 짧게 잘라 주세요. 길이가 살짝 다르게 다듬어 주면 더 좋아요.
4. 수국은 작은 덩어리 느낌으로 다듬어 주세요.
5. 손질을 완료한 재료입니다.
6. 수국을 넣어 주세요.

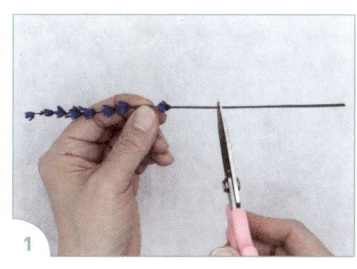
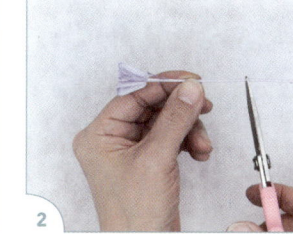

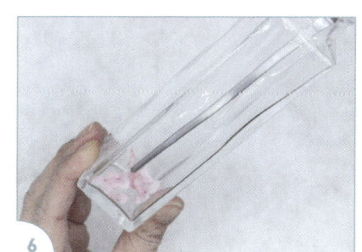

7 라벤더를 하나로 모아 주세요.
8 라그라스를 추가해서 꽃다발처럼 모양을 잡아 주세요. 보틀 입구 크기를 고려해서 소재의 양을 정하세요.
9 얇은 와이어나 지철사로 끝을 고정해 주세요.
10 고정시킨 모습입니다.
11 라벤더와 라그라스를 묶은 미니 꽃다발을 핀셋을 이용해 넣어 주세요.
12 와이어 처리한 곳이 보이지 않게 수국 안쪽으로 묻히게 위치를 조정해 주세요.

13 비어 있는 공간에 니겔라를 채워 주세요.
   TIP 앞 과정에서 꽃다발을 만들 때 니겔라를 미리 같이 넣어도 좋아요.
14 오일을 넣어 주세요.
15 미니 꽃다발 라벤더 하바리움 완성!

Made from flowers

통통 튀는 귀여움,
라이스 플라워

쌀알처럼 동글동글해서 '라이스 플라워'라고 불러요. 이 꽃은 마치 열매 같기도 해요. 저는 포인트 소재로 천일홍을 함께 사용했지만 미니 장미를 넣어도 근사한 작품이 될 거예요. 다양한 소재를 사용해서 나만의 디자인을 만들어 보세요.

Materials

사각형 보틀(100mL)　　　1개

Flowers

천일홍　　　　　　　　4송이
라이스 플라워　　　　　1송이
수국　　　　　　　　　약간

How To Make

1　수국의 줄기를 짧게 잘라 주세요.
2　라이스 플라워를 작은 송이로 다듬어 주세요.
3　천일홍의 줄기를 잘라 주세요.
4　손질을 완료한 재료입니다.
5　수국을 넣어 주세요.
　　TIP 저는 투톤 수국을 사용했지만, 원톤 수국을 사용해도 좋아요.
6　라이스 플라워를 넣어 주세요.

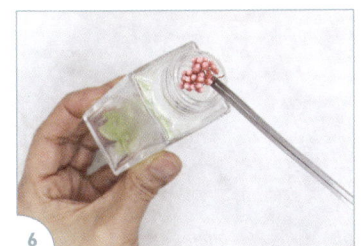

7 보틀의 정면 부분을 정하고, 핀셋으로 라이스 플라워가 정면에서 잘 보이게 해주세요.
8 천일홍을 라이스 플라워 옆에 넣어 주세요.
   TIP 드라이 플라워 천일홍의 경우 부산물이 떨어 질 수 있으니 작업 전 가볍게 털어 주세요.
9 핀셋으로 천일홍 꽃송이가 앞쪽을 바라보게 조정해 주세요.
10 수국을 넣어 주세요.
11 다른 색의 천일홍을 수국 옆에 넣어 주세요.
12 핀셋으로 위치를 자연스럽게 조정해 주세요.
13 라이스 플라워를 넣어 주세요.
14 다른 색의 천일홍을 라이스 플라워 옆에 배치해 주세요.
15 핀셋으로 라이스 플라워와 천일홍의 위치를 잘 보이게 조정해 주세요.

16 수국을 넣어 주세요.
17 라이스 플라워와 천일홍 뒤쪽의 비어 있는 공간으로 핀셋을 사용해 수국을 옮겨 주세요.
18 라이스 플라워를 넣어 주세요.
19 천일홍을 라이스 플라워 위에 얹어 주세요.
20 수국을 천일홍 옆에 배치해 주세요.
21 라이스 플라워를 넣고 핀셋으로 위치를 수정해 주세요.
> TIP 재료의 위치가 정면으로 봤을 때 너무 일렬로 놓여 있는 것보다 조금씩 어긋난 느낌이 더 자연스러워요.

22 오일을 넣어 주세요.
23 통통 튀는 귀여움이 묻어나는 라이스 플라워 하바리움 완성!

꽃 모양 예쁘게 보정하기

프리저브드 플라워 소재가 구겨지거나 쪼그라들었을 때는 스팀을 쐬어 주세요. 꽃이나 수국, 그린 소재는 상자, 비닐 커버에 보관하세요. 온도와 습도 영향을 받으면 모양이 찌그러지거나, 쪼그라듦 현상이 나타나요. 그럴 때는 커피포트, 주전자 등을 사용해서 스팀을 약 15~20초 정도 쐬어 주세요. 다시 풍성해진 소재를 볼 수 있어요. 하바리움 오일은 수분과 닿으면 안 되니 꼭 수증기를 충분히 날려 주고 사용해 주세요.

프리저브드 소재뿐만 아니라 드라이 플라워도 이 방법으로 보정 가능해요. 다만, 프리저브드 소재는 습기에 약하기 때문에 오랫동안 스팀 작업을 하면, 염료가 묻어 나올 수 있으니 주의해 주세요.

How To Make

1　모양이 예쁘지 않은 수국을 준비해 주세요.
　　TIP 꼭 수국만 가능한 것은 아니에요. 장미, 카네이션, 로단테, 유칼립투스, 루스커스처럼 다양한 꽃과 잎소재 모두 스팀 기법으로 보정 가능해요!

2　스팀을 15~20초 정도 골고루 쐬어 주세요.
　　TIP 뜨거우니 장갑을 끼거나 핀셋을 사용하세요!

3　꽃잎이 예쁘게 펴진 풍성한 수국으로 다시 탄생했어요!
　　TIP 하바리움에 넣기 전, 꽃잎을 충분히 건조한 후 사용하세요!

Chapter 02

다양한 소재로 만드는 소품

그린, 열매, 과일 등 다양한 소재로 만드는 하바리움 디자인이에요. 꽃송이가 들어가지 않아도 충분히 멋진 디자인을 완성할 수 있어요. 다양한 색상의 프리저브드 소재가 많으니 색깔별로 제작해서 인테리어 소품으로 활용해 보세요. 공간이 화사해질 거예요!

Made from various materials

당신의 친절에
감사합니다, 라그라스

살랑살랑, 폭신폭신한 라그라스 소재를 사용한 디자인이에요. 라그라스는 우리말로 강아지풀이라고 많이 알고 계시죠. 귀여운 모습에 인기가 많은 소재 중 하나입니다. 라그라스 송이가 너무 크다면 허니테일 소재를 사용해도 좋아요!

Materials

사각형 보틀(150mL)	1개

Flowers

스토베	1줄기
수국	약간
겹 수국	약간
안개꽃	1줄기
라그라스	3송이

How To Make

1 라그라스 줄기를 보틀의 길이보다 짧게 잘라서 준비해 주세요.
2 다른 색의 라그라스의 줄기도 잘라 주세요.
   TIP 길이를 조금씩 다르게 잘라 주면 좋아요.
3 안개꽃을 가장 짧은 라그라스보다 짧게 잘라 주세요.
4 스토베를 가장 긴 라그라스보다 짧게 손질해 주세요.
5 겹 수국을 짧게 다듬어 주세요.
6 수국도 겹 수국처럼 짧게 다듬어 주세요.

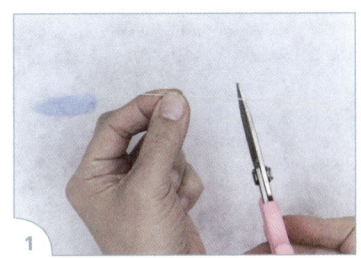
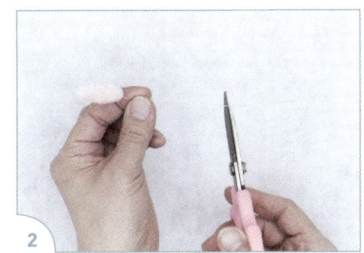

7 손질을 완료한 재료입니다.
8 겹 수국을 보틀 바닥에 넣어 주세요.
9 수국을 겹 수국 위에 얹어 주세요.
10 안개꽃을 넣어 주세요. 디자인에 따라 다른 소재를 사용해도 좋아요.
   TIP 안개꽃처럼 가지가 많은 소재는 밑에 있는 소재가 용액 위로 떠오르는 것을 방지합니다.
11 스토베를 꽂아 주세요.
12 라그라스를 넣어 주세요.
   TIP 길이가 짧은 것부터 넣어야 작업하기 편합니다.
13 다른 색의 라그라스를 넣어 주세요.

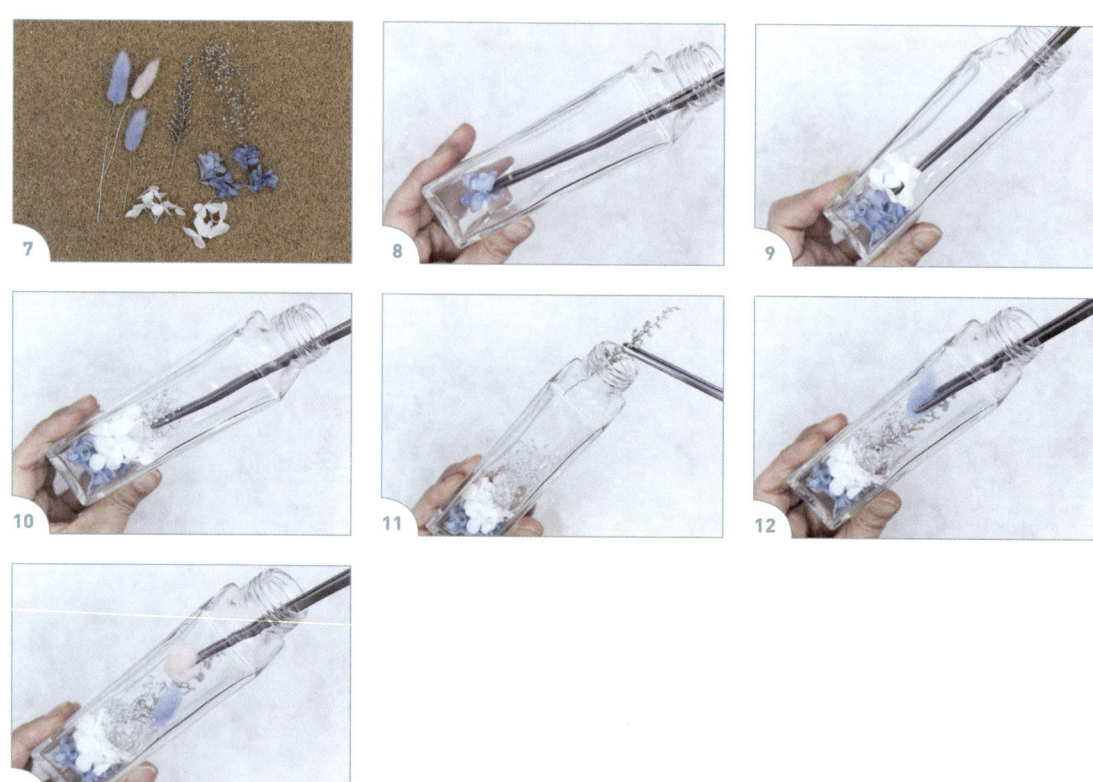

14 가장 긴 라그라스를 마지막으로 넣어 주세요.
15 오일을 넣어 주세요.
16 따듯한 마음을 담은 라그라스 하바리움 완성!

Made from various materials

봄의 사랑, 포아플란츠

프리저브드 포아플란츠(파라리스)는 다양한 컬러로 시중에 나와 있어요. 원하는 컬러를 선택해서 상황에 어울리는 소품을 제작할 수 있어요. 가격도 저렴하고, 구하기 쉬운 소재여서 많은 사람이 애용하는 소재예요. 같은 디자인으로 컬러만 다르게 만들어서 여러 개 진열하면 더 예쁜 공간연출을 할 수 있어요.

Materials

삼각형 보틀(120mL)	1개

Flowers

고아나크로	1~2줄기
수국	약간
페퍼베리	약간
포아플란츠(파라리스)	3송이

How To Make

1 포아플란츠의 길이를 조금씩 다르게 잘라 주세요.
2 수국을 작은 덩어리 느낌으로 다듬어 주세요.
3 페퍼베리를 열매를 중심으로 잘라 주세요.
4 고아나크로를 포아플란츠 길이 정도로 잘라 주세요.
   TIP 저는 아쿠아 컬러 스프레이를 사용해서 골드 컬러로 만들었어요.
5 손질을 완료한 재료입니다.
6 페퍼베리를 보틀 바닥에 넣어 주세요.

7 수국을 페퍼베리 위에 얹어 주세요.

8 고아나크로 줄기 끝을 수국에 고정하듯이 넣어 주세요.

9 포아플란츠를 보틀에 채워 주세요.

> **TIP** 길이가 짧은 것부터 넣어 주면 작업하기 수월합니다.

10 고아나크로가 뭉쳐 있다면 핀셋으로 모양을 다시 잡아 주세요.

11 오일을 넣어 주세요.

12 봄의 사랑이 느껴지는 포아플란츠 하바리움 완성!

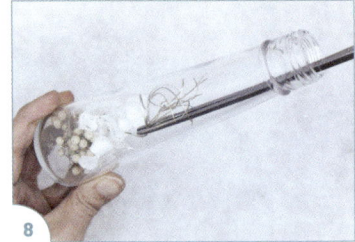

플라워 스프레이로 컬러 보정하기

원하는 컬러의 소재가 없다면? 플라워 전용 컬러 스프레이를 사용해 보세요! 원하는 색으로 바꿀 수 있어요. 정말 다양한 컬러가 준비되어 있고, 펄이 들어간 메탈릭 컬러도 있어요. 스프레이를 뿌린 후, 완전히 건조하고 사용해야 하바리움 오일에 컬러가 베어 나오지 않아요.

플라워 소재 및 다양한 재료에도 모두 사용 가능해요. 라그라스처럼 털이 있는 소재는 속까지 염색이 힘들어서 투톤 컬러로 연출됩니다!

How To Make

1 아쿠아 컬러 스프레이를 준비해 주세요.
   TIP 저는 실버 컬러로 만들고 싶어서 메탈릭 제품을 사용했어요!
2 색을 바꿀 소재를 준비해 주세요.
3 바닥에 종이를 깔고 약 20cm 이상 거리를 두고 스프레이를 뿌려 주세요.
   TIP 가까이 뿌리면 스프레이가 뭉쳐 예쁘지 않아요. 얇게 여러 번 멀리서 뿌려 주는 게 더 좋아요.
4 20분 이상 건조한 후에 사용하세요.

Made from various materials

우아한 라인,
고아나크로

고아나크로는 솔잎처럼 얇고 길쭉한 잎 소재입니다. 고불고불한 갈고리 모양이죠. 하바리움 디자인에서 많이 사용되는 소재예요. 고아나크로의 길쭉한 갈고리 모양의 가지들은 밑에 있는 다른 소재가 하바리움 오일 위로 떠오르는 것을 방지해요. 이런 특성을 이용해서 다양한 디자인에 응용할 수 있어요.

Materials

원형 보틀(150mL)　　　　1개

Flowers

고아나크로　　　　2줄기
익소디아　　　　1줄기

How To Make

1　고아나크로의 줄기를 보틀의 길이보다 짧게 잘라 주세요.
2　익소디아의 줄기를 고아나크로보다 짧게 잘라 다듬어 주세요.
3　손질을 완료한 재료입니다.
4　고아나크로를 말아서 핀셋으로 넣어 주세요.
5　고아나크로 앞쪽으로 익소디아를 넣어 주세요.
6　살짝 눌린 고아나크로를 핀셋으로 다듬어 주세요.

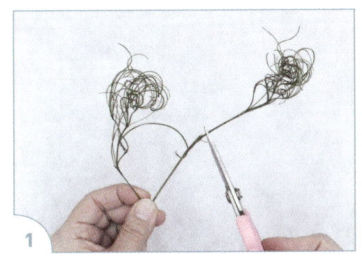

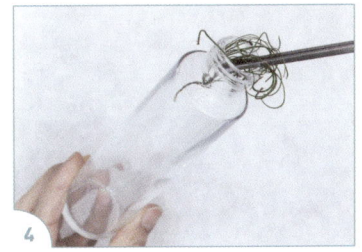

7 오일을 넣어 주세요.

8 우아한 라인이 돋보이는 고아나크로 하바리움 완성!

입구보다 큰 꽃 넣기

꽃 크기가 입구보다 클 때는 이 방법을 사용해 보세요! 프리저브드 플라워 소재를 사용할 때 아주 유용해요. 꽃잎은 부드러워서 쉽게 부서지거나 찢어지지 않아요. 다만, 용기 입구 크기보다 꽃의 씨방이나 꽃받침 부분의 크기가 작아야 손쉽게 들어가요. 부서짐을 최소화하고 싶다면 소재를 스팀 기법으로 처리 후, 용기에 넣어 주면 훨씬 더 부드럽고 매끄럽게 작업할 수 있어요.

How To Make

1. 용기 입구 중앙에 소재를 올려 주세요.
2. 가운데를 아주 살짝 눌러 넣어 주세요. 힘을 너무 세게 주면 꽃잎이 찢어질 수 있어요.
3. 핀셋으로 위치를 조정해 주세요.

Made from various materials

추억, 유칼립투스

유칼립투스는 다른 소재와 조화롭게 사용할 수 있는 소재예요. 하바리움에 기초적으로 사용할 수 있는 소재여서 많은 사람이 즐겨 찾아요. 품종이 정말 다양해서 작은 잎부터 큰 잎까지 모양과 크기가 가지각색이에요. 하바리움에 사용하는 유칼립투스는 소형에서 중형 정도의 잎 크기가 활용하기 좋아요. 요즘에는 다양한 컬러로 염색되어 선택의 폭이 더 넓어졌어요.

Materials

사각형 보틀(150mL)   1개

Flowers

유칼립투스   1줄기
안개꽃   1줄기
부르니아   1~2줄기

How To Make

1   부르니아 줄기를 조금 남기고 잘라 주세요.
2   유칼립투스의 길이를 각각 다르게 다듬어 주세요.
3   안개꽃을 짧게 잘라 주세요.
4   손질을 완료한 재료입니다.
5   길이가 짧은 유칼립투스부터 넣어 주세요.
6   유칼립투스 앞쪽으로 브루니아를 넣어 주세요.

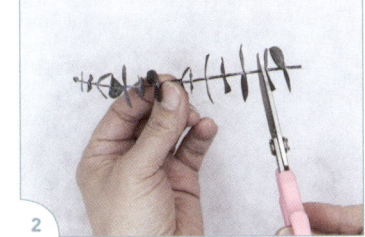

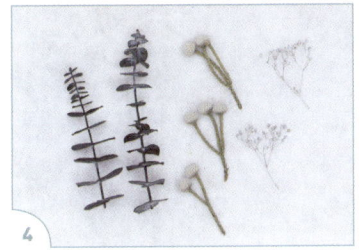
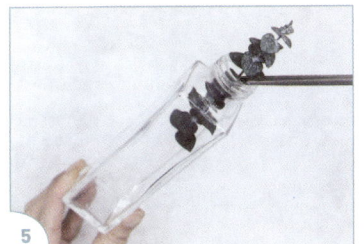

7 안개꽃을 브루니아 옆쪽으로 넣어 주세요.
8 오일을 넣어 주세요.
9 다양하게 활용할 수 있는 유칼립투스 하바리움 완성!

Made from various materials

맑고 투명한, 스켈레톤 잎

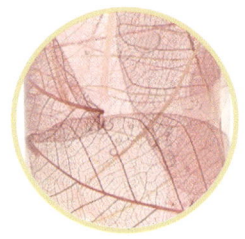

투명한 나뭇잎을 아시나요? 잎맥만 보이는 투명한 소재 '스켈레톤 잎'으로 자연스러운 그러데이션 느낌을 살려 디자인해 보았어요. 하바리움 오일에 넣었을 때 살짝 반투명이 되는 것을 이용하면 훨씬 자연스러운 결과물이 나올 수 있어요. 흰색 꽃잎을 중간중간 섞어 주면 더 자연스러워 보여요. 장미나 카네이션 꽃잎으로도 응용해서 제작할 수 있어요!

Materials

원형 보틀(200mL)　　1개

Flowers

스켈레톤 잎　20~25개(세가지 색)

How To Make

1. 스켈레톤 잎 끝부분 두꺼운 줄기 부분을 잘라 준비해 주세요.
2. 손질을 완료한 재료입니다.
3. 핀셋으로 스켈레톤 잎을 동글게 말아서 잡아 주세요.
4. 레드 스켈레톤 잎을 넣어 주세요.
   TIP 말아서 넣으면 가로로 쉽게 배치할 수 있어요.
5. 핀셋으로 보틀 벽면에 붙이듯이 위치를 잡아 주세요.

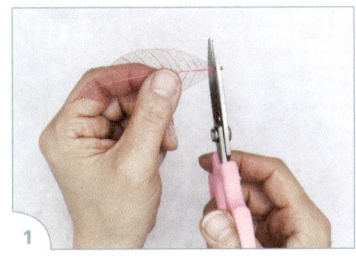

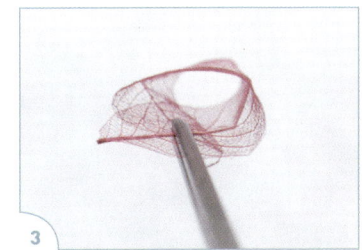

6   화이트 스켈레톤 잎을 동글게 말아 넣고, 위치를 조정해 주세요.
> **TIP** 화이트 스켈레톤 잎은 하바리움 오일에 들어가면 거의 보이지 않지만 다른 두 가지 색이 좀 더 자연스럽게 어우러지게 도와줘요.

7   핑크 스켈레톤 잎을 동글게 말아 넣어 주세요.

8   핀셋으로 위치를 잡아 주세요.
> **TIP** 같은 색상이 너무 겹치지 않도록 다른 색상을 번갈아 배치해 주세요.

9   스켈레톤 잎을 넣어 주세요.
> **TIP** 세로로 넣고 싶을 때는 말지 않고 넣으면 돼요.

10   핀셋으로 위치를 조금씩 조절하며 가로, 세로로 차곡차곡 쌓아 주세요.

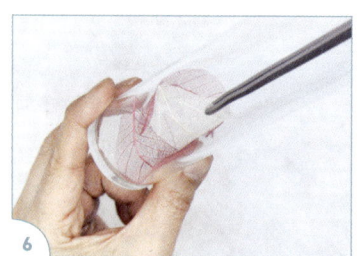

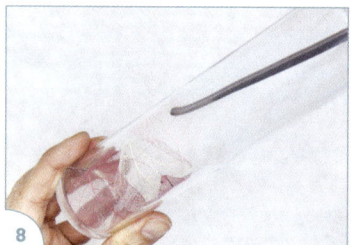
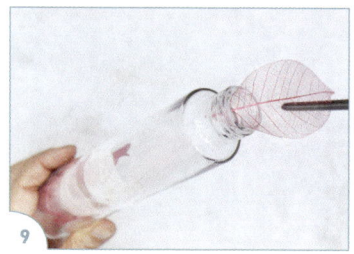
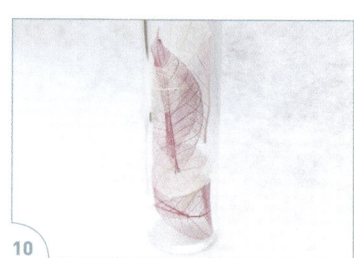

11 마지막으로 가운데 비어 있는 부분에 스켈레톤 잎을 세워 넣어 주세요.
   TIP 하바리움 오일에 재료가 떠오르는 것을 방지해요.
12 오일을 넣어 주세요.
13 투명한 잎이 매력적인 스켈레톤 하바리움 완성!

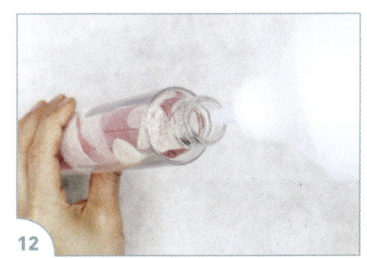

Made from various materials

인내는 쓰고 열매는 달다, 타타리카

타타리카는 주로 드라이 플라워로 만들어서 사용해요. 아주 작은 꽃들이 줄기에 가득 피어 있어요. 가지가 넓게 퍼진 스타일이라 공간 채우기 좋은 편이에요. 드라이 플라워 소재라 부산물이 많이 떨어져요. 작업 전 가볍게 털어줘도 보틀 안에서 위치를 변경하다 보면 또 부산물이 떨어질 수 있으니 보틀을 거꾸로 뒤집어 가볍게 털어줘도 좋아요.

Materials

물방울 용기(200mL)	1개

Flowers

안개꽃	1~2줄기
페퍼베리	약간
타타리카	1줄기
겹 수국	약간

How To Make

1. 타타리카의 줄기를 보틀보다 작은 길이로 정리해 주세요.
2. 겹 수국의 줄기를 잘라 주세요.
3. 안개꽃의 줄기를 짧게 잘라 주세요.
4. 페퍼베리는 작은 송이로 잘라 주세요.
5. 손질을 완료한 재료입니다.
6. 손질한 안개꽃을 모두 넣어 주세요.

   TIP 안개꽃 몇 송이를 꽃봉오리 부분이 바닥 방향으로 향하게 놓아 주면 빈 곳을 채울 수 있어요.

7   손질한 겹 수국을 모두 넣어 주세요.
8   겹 수국은 넣을 때 위치를 사방향으로 놓아 주세요.
     TIP 안개꽃에 꽂아 고정하듯이 위치를 잡아 주면 하바리움 오일에 의한 떠오름을 방지할 수 있어요.
9   페퍼베리를 그 위에 얹어 주세요.
10   보틀의 정면 부분을 정하고, 핀셋으로 보틀 벽면 쪽으로 붙여 위치를 조정해 주세요.
11   타타리카가 보틀 입구에 손쉽게 들어갈 수 있게 손으로 살짝 모아 주세요.
     TIP 조심스럽게 작업해 주세요! 드라이 플라워라 쉽게 부서질 수 있어요.
12   타타리카를 모아서 넣어 주세요.

13 핀셋으로 보틀 중앙에 위치를 잡아 주세요. 안개꽃 속에 줄기를 꽂는 느낌으로 해 주세요.

14 보틀을 뒤집어 부산물을 털어 주세요. 입구가 좁은 스타일이기 때문에 재료들이 움직이지 않고 거의 고정되어 있는 상태예요.

15 오일을 넣어 주세요.

16 꽃들의 조화가 돋보이는 타타리카 하바리움 완성!

Made from various materials

당신께 내 모든 것을
드립니다, 냉이초

냉이초는 프리저브드 DIY하기 좋은 소재입니다. 저는 생화 시장에서 사온 냉이초를 프리저브드로 만들어 사용했어요. 작은 잎들이 아주 많아서 보틀 밑에 있는 소재들이 오일 위로 떠오르는 것을 방지해 주는 참 좋은 소재예요.

TIP 프리저브드 DIY는 173 페이지를 참고하세요.

Materials

사각형 보틀(200mL)　　　1개

Flowers

냉이초　　　1~2줄기
익소디아　　　1~2줄기
톨텀 피메일　　　1줄기

How To Make

1　톨텀 피메일의 줄기를 보틀의 절반 길이 정도로 다듬어 주세요.
2　익소디아의 줄기를 보틀 바닥에 넣을 수 있는 정도로 잘라 주세요.
3　냉이초의 길이는 조금씩 다르게 잘라 주세요.
4　손질을 완료한 재료입니다.
5　익소디아를 보틀 바닥에 넣어 주세요.
6　톨텀 피메일을 위에 얹어 주세요.

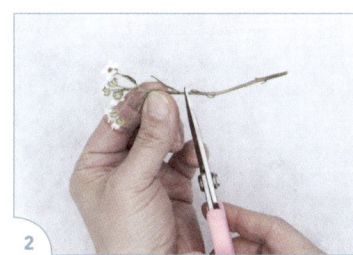

7 톨텀 피메일 뒤쪽으로 냉이초를 넣어 주세요.
8 오일을 넣어 주세요.
9 프리저브드 플라워로 만든 냉이초 하바리움 완성!

오일 주입하기

오일을 수직으로 바로 주입하게 되면 디자인한 꽃 소재들이
가라앉거나 움직여서 처음 의도한 디자인과 다르게
완성될 수 있습니다.

용기를 살짝 기울이고, 하바리움 오일이 용기의 벽을 타도록
천천히 주입하면 디자인한 꽃 소재들이
가라앉지 않고, 기포도 덜 생깁니다.

Made from various materials

변치 않는 소중함, 루스커스

루스커스는 하바리움 디자인에 자주 사용하는 인기 소재입니다. 오일 속에 들어가면 살짝 반투명해진 소재 사이로 들어오는 빛이 너무 예쁜 소재예요. 루스커스와 어울리는 소재들을 채워 나만의 멋진 하바리움을 디자인해 보세요.

Materials

위스키 보틀(200mL)	1개

Flowers

루스커스	1줄기
린 플라워	1~2줄기
라임	1개
안개꽃	1줄기
포아플란츠(파라리스)	1송이
헬리크리섬	2송이

How To Make

1. 루스커스의 줄기를 각각 다른 길이로 잘라 주세요.
2. 안개꽃을 루스커스보다 짧게 다듬어 주세요.
3. 포아플란츠의 줄기를 루스커스와 비슷하게 잘라 주세요.
4. 헬리크리섬의 줄기를 2cm정도 남기고 다듬어 주세요.
   > **TIP** 저는 와이어 처리가 된 꽃을 사용했지만, 꽃송이만 있는 경우 줄기 없이 사용해도 좋습니다.
5. 린 플라워 줄기를 안개꽃과 비슷한 길이로 잘라 주세요.
6. 손질을 완료한 재료입니다.

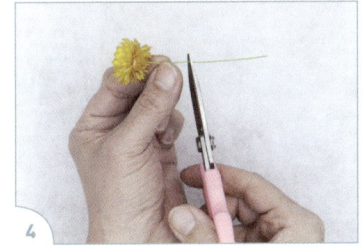

7 헬리크리섬의 머리 중앙을 살짝 눌러 넣어 주세요.
8 핀셋으로 위치를 잡아 주세요.
9 루스커스를 넣어 주세요.
10 라임을 보틀 옆쪽으로 넣어 주세요.
   TIP 라임이 보틀 입구보다 크기가 크면 커터 칼로 라임을 조금 잘라 주세요. 너무 건조된 라임을 사용하면 부서질 수 있어요.
11 핀셋으로 라임의 위치를 잡아 주세요.
12 포아플란츠를 빈 곳에 꽂아 주세요.
13 안개꽃을 루스커스 옆에 채워 주세요.

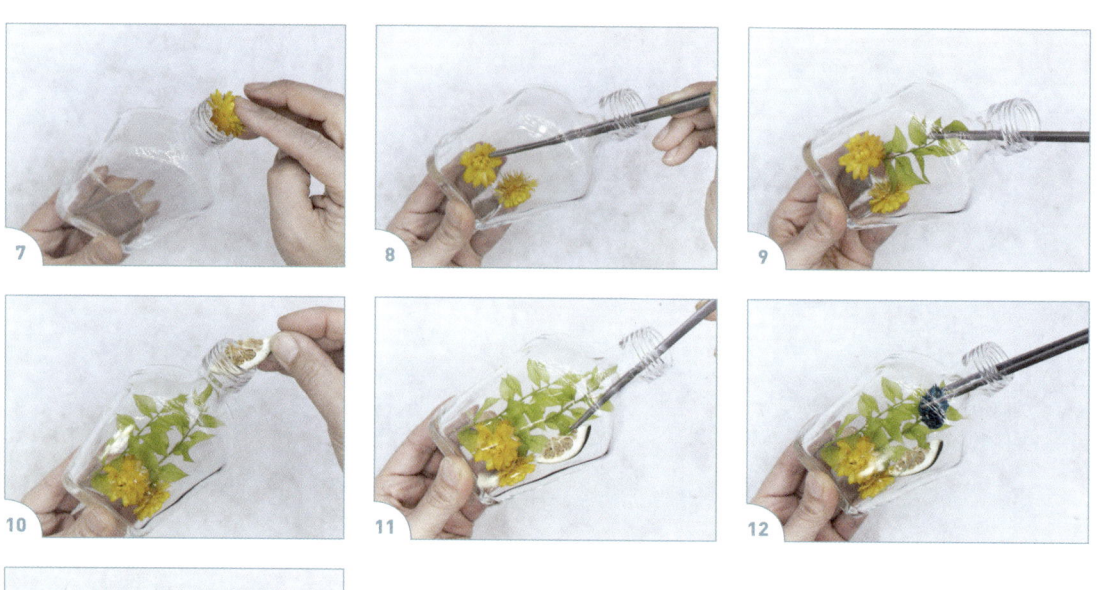

14 린 플라워를 위쪽으로 넣어 주세요.
15 오일을 넣어 주세요.
16 반투명한 잎으로 다른 소재를 더 돋보이게 하는 루스커스 하바리움 완성!

Made from various materials
두근두근, 하트 잎

귀여운 하트 모양의 잎 소재로 만드는 디자인이에요. 싱그러운 분위기를 연출할 수 있는 포인트 소재서 제가 애용하는 것 중에 하나예요. 자연 그대로의 색도 좋지만, 다른 컬러의 하트 잎이 필요할 때는 '플라워 스프레이'를 사용해서 컬러를 보정하기도 해요. 정말 귀엽고, 설레지 않나요?

Materials

사각형 보틀(100mL)   1개

Flowers

수국   약간(두 가지 색)
하트 잎   2개
금작화(브룸)   1줄기

How To Make

1 노란색 수국을 작은 덩어리 느낌으로 잘라 다듬어 주세요.
    TIP 저는 투톤 수국을 사용했지만 원톤 수국을 사용해도 좋아요.
2 연두색 수국도 마찬가지로 짧게 잘라 다듬어 주세요.
3 금작화의 줄기를 수국과 비슷한 크기로 잘라 주세요.
4 손질을 완료한 재료입니다.
5 노란색 수국을 바닥에 넣어 주세요.
6 연두색 수국을 그 위에 얹어 주세요.

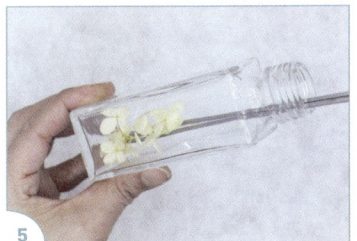
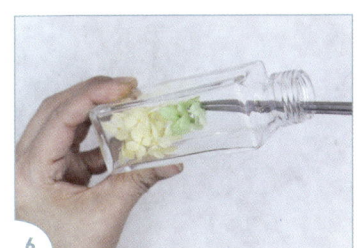

7 하트 잎을 밖에서 잘 보이게 넣어 주세요.
8 핀셋으로 하트 잎을 보틀 벽 쪽으로 위치시켜 주세요.
9 노란색 수국을 넣어 주세요.
10 금작화를 노란색 수국 옆에 핀셋으로 꽂아 주세요.
11 연두색 수국을 넣어 주세요.
12 하트 잎을 보틀 벽 쪽으로 넣어 주세요.

13 용액을 넣어 주세요.
14 귀여운 하트 잎 하바리움 완성!

Made from various materials

시원한 향을 가진, 티트리

공기를 상쾌하게 정화하는 허브 '티트리' 소재를 사용한 디자인이에요. 얇고 뾰족하지만 촘촘한 잎 모양때문에 풍성하고 깨끗한 느낌을 줘요. 저는 위쪽으로 여백을 살려 티트리의 잎 모양을 강조했어요. 티트리는 다른 소재와 잘 어울리기 때문에 두루두루 사용하기 좋아요.

Materials

사각형 보틀(150mL)　　　1개

Flowers

익소디아	1줄기
페퍼베리	약간
암모비움	3~4송이
티트리	1~2줄기

How To Make

1　티트리의 줄기를 보틀의 길이보다 살짝 짧게 잘라 주세요.
2　암모비움의 줄기를 짧게 잘라 다듬어 주세요.
3　페퍼베리를 작은 송이로 다듬어 주세요.
4　익소디아의 줄기를 티트리보다 짧게 잘라 주세요.
5　손질을 완료한 재료입니다.
6　암모비움을 보틀 바닥에 넣어 주세요.

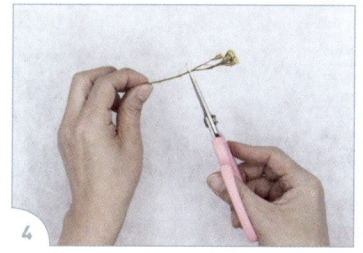

how to make

7 페퍼베리를 암모비움 위에 얹어 주세요.
8 티트리를 넣어 주세요.
9 익소디아와 암모비움이 용액 위로 뜨지 않게 페퍼베리에 살짝 걸쳐 넣어 주세요.
10 용액을 넣어 주세요
11 촘촘한 잎이 매력적인 티트리 하바리움 완성!

완성품 보관 방법

하바리움에 들어가는 플라워 소재는 직사광선에 약해서 쉽게 탈색될 수 있어요.
하바리움 오일은 화기성이에요. 화기주변을 피해 주세요!
유리병으로 제작된 하바리움은 넘어지면 깨질 수 있으니 평평한 곳에 놓고 보관해 주세요.

하바리움 오일 폐기

폐기할 오일은 반드시 신문지, 종이, 헝겊 등에 스며들게 하여
쓰레기봉투에 넣어 버려 주세요.

Made from various materials

비밀스러운 애정, 에린기움

진한 색의 매력적인 소재, 에린기움이에요. 마치 작은 선인장 같은 느낌이 들기도 하는 소재예요. 말려서 사용하기도 하지만, 저는 프리저브드 에린기움을 사용했어요. 에린기움의 독특한 색을 돋보이게 하기 위해서 다른 소재는 잔잔한 색을 사용했어요.

Materials

삼각형 보틀(200mL)   1개

Flowers

에린기움	1~2줄기
루스커스	1줄기
수국	약간
안개꽃	1줄기

How To Make

1. 루스커스의 줄기를 보틀의 길이보다 살짝 짧게 잘라 주세요.
2. 에린기움의 줄기를 루스커스보다 조금 짧게 잘라 주세요.
3. 수국은 짧게 다듬어 주세요.
4. 안개꽃도 수국처럼 짧게 다듬어 주세요.
5. 손질을 완료한 재료입니다.
6. 수국을 보틀 바닥에 넣어 주세요.

  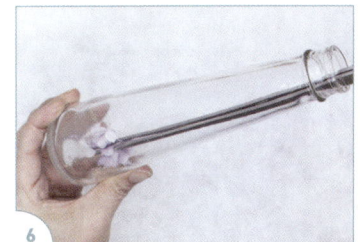

7 안개꽃을 수국 옆에 넣어 주세요.

8 루스커스를 그 위에 얹어 주세요.

9 밑에 있는 소재들이 떠오르지 않게 살짝 걸쳐 누르듯이 위치를 조정해 주세요.
   TIP 루스커스를 보틀의 벽 쪽보다 중앙 쪽으로 놓으면 다른 소재들이 떠오르는 것을 막아 줄 거예요!

10 에린기움을 루스커스 앞쪽으로 넣어 주세요.

11 용액을 넣어 주세요.

12 독특한 색이 돋보이는 에린기움 하바리움 완성!

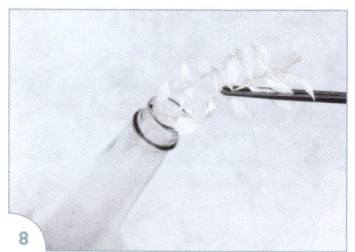

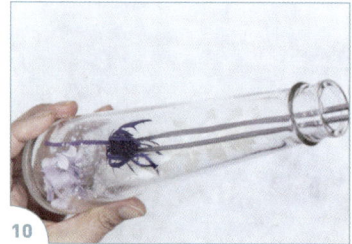

Made from various materials

동글동글, 페퍼베리

포도처럼 송이송이 피어 있는 귀여운 페퍼베리는 메인 소재와 포인트 소재로 많이 사용돼요! 색이 아주 다양한 편이라서 좋아하는 색을 선택할 수 있어요.

Materials

삼각형 보틀(50mL)   1개

Flowers

겹 수국   약간
수국   약간
안개꽃   1줄기
페퍼베리   약간

How To Make

1. 페퍼베리를 작은 송이로 다듬어 주세요
2. 수국의 줄기를 짧게 잘라 준비해 주세요.
3. 겹 수국의 줄기도 짧게 잘라 주세요.
4. 안개꽃의 줄기를 짧게 손질해 주세요.
5. 손질을 완료한 재료입니다.
6. 수국을 보틀 바닥에 넣어 주세요.

7 겹 수국을 수국 위에 얹어 주세요.

> TIP 일반 수국을 넣어도 좋아요! 겹 수국을 짧게 잘라 넣으면 하늘하늘한 꽃 느낌을 연출할 수 있어요.

8 안개꽃을 넣어 주세요.

9 페퍼베리를 안개꽃 위에 쌓아 주세요.

10 겹 수국을 그 위에 넣어 주세요.

11 페퍼베리를 채워 주세요.

> TIP 너무 많은 양의 소재를 넣는다면 소재들이 뭉쳐 보일 수 있어요.

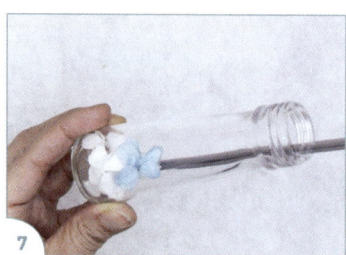

12 오일을 넣어 주세요.
13 동글동글 귀여운 페퍼베리 하바리움 완성!

Made from various materials

차분한 느낌, 믹스 너트

다양한 열매소재를 사용해서 디자인한 소품이에요. 우드 인테리어 공간에 장식하면 참 잘 어울려요. 입구가 좁은 보틀을 사용하면 크기가 큰 열매류를 넣기가 힘드니 입구가 큰 보틀을 사용하세요.

Materials

원형 보틀(250mL)	1개

Flowers

솔방울	5~6개
플라워 콘	2~5개
시나몬	4개
브루니아	1줄기
스켈레톤 잎	1개
라임	1개
엠버너트	1줄기
유칼립투스 씨드	1줄기

How To Make

1 유칼립투스 씨드의 줄기를 보틀의 절반 정도 길이로 잘라 주세요.
2 브루니아의 줄기를 유칼리투스 씨드처럼 잘라 주세요.
3 시나몬은 마끈으로 두개씩 묶어 주세요.
   TIP 저는 미리 짧게 잘라져 있는 시나몬을 사용했습니다. 긴 시나몬은 커터 칼로 잘라서 사용하세요!
4 손질을 완료한 재료입니다.
5 제일 큰 솔방울을 넣어 주세요.
6 스켈레톤 잎을 보틀 벽 쪽으로 넣어 주세요.

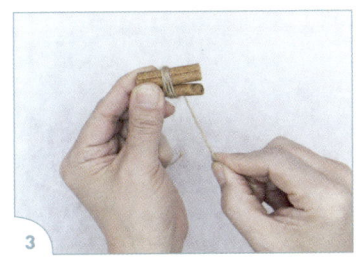

how to make

7   마끈으로 묶은 시나몬을 솔방울 위에 넣어 주세요.
8   브루니아를 시나몬 옆에 배치해 주세요.
9   솔방울과 플라워 콘을 넣어 채워 주세요.
10 유칼립투스 씨드를 빈 곳에 넣어 주세요.
11 시나몬을 얹어 주세요.
12 엠버너트를 넣어 주세요.

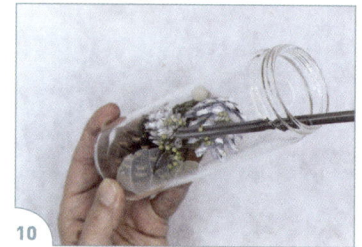

13 라임을 벽 쪽으로 넣고, 남은 열매류를 모두 넣어서 채워 주세요.
14 오일을 넣어 주세요.
15 차분한 느낌이 드는 믹스 너트 하바리움 완성!

13

14

15

Made from various materials

상큼 달달, 오렌지

보기만 해도 상큼해지는 기분이 도는 오렌지예요. 싱그러운 느낌을 연출하기 위해서 그린, 옐로우 컬러를 베이스로 디자인했어요. 오렌지는 함께 들어간 라임과도 참 잘 어울리는 컬러예요. 슬라이스 되어 있는 건조 과일을 찾기 힘들다면 '식품건조기'를 사용해서 직접 만들어 보세요. 오렌지, 라임, 레몬, 딸기, 키위 등 과일을 이용해 좋은 하바리움 재료를 만들 수 있어요.

Materials

사각형 보틀(150mL)	1개

Flowers

수국	약간
페퍼베리	약간
오렌지	2개
라임	1개
안개꽃	1줄기

How To Make

1. 수국을 짧게 잘라 주세요.
2. 안개꽃의 줄기를 수국과 비슷한 크기로 다듬어 주세요.
3. 페퍼베리를 작은 송이로 다듬어 주세요.
4. 손질을 완료한 재료입니다. 건조된 오렌지와 라임은 보틀 입구에 맞춰 커터 칼이나 가위로 잘라 주세요.
5. 안개꽃을 먼저 넣어 주세요.
   TIP 안개꽃 몇 송이를 꽃봉오리 부분이 바닥 방향으로 향하게 놓아 주면 빈 곳을 채울 수 있어요.
6. 페퍼베리를 그 위에 얹어 주세요.

how to make

7 수국을 넣어 주세요.
8 오렌지를 넣어 주세요.
   TIP 드라이한지 오래된 과일의 경우 입구에 넣기 힘들 수 있습니다. 또한 오래된 소재는 갈변이 심해 완성도가 떨어져요.
9 오렌지는 핀셋으로 보틀 벽 쪽으로 위치시켜 주세요.
10 안개꽃을 보틀 옆으로 배치해 주세요.
11 페퍼베리를 넣어 주세요.
12 수국을 쌓아 주세요.
13 라임을 넣어 주세요.
14 라임 위에 오렌지를 얹어 주세요.
15 핀셋으로 라임과 오렌지의 위치를 보틀 벽 쪽으로 보이게 조절해 주세요.

• 118 •

Herbarium Story

16 오일을 넣어 주세요.
17 보기만해도 상큼해지는 오렌지 하바리움 완성!

Chapter 03

사계절 소품

따듯하고 사랑이 가득한, 봄
푸른 바다와 푸른 하늘이 생각나는, 여름
풍요로운 곡식의 계절, 가을
설레는 첫눈과 크리스마스, 겨울
사계절을 표현한 하바리움 소품이에요.
다양한 소재로 작은 보틀 속에 계절을 한 움큼 넣어
선물하세요.

Seasonal Decorations

봄의 소리,
따뜻한 햇살과 꽃향기

봄이 오기 시작하면 마음이 왜 이렇게 설레는지 모르겠어요. 봄은 꽃의 계절처럼 예쁜 꽃들이 활짝 피어나고, 나무들도 싱그러워져요. 따뜻한 봄 햇살과 꽃향기가 가득한 하바리움을 준비했어요. 다양한 플라워 소재를 넣어 응용해도 좋을 것 같아요.

Materials

위스키 보틀(200mL)　　　　1개

Flowers

금작화(브룸)　　　　2줄기
수국　　　　약간(두 가지 색)
깃털　　　　4개(두 가지 색)
구슬　　　　5~6개

How To Make

1. 핑크 수국의 줄기를 짧게 잘라 주세요.
2. 피치 수국의 줄기도 핑크 수국처럼 짧게 잘라 주세요.
3. 금작화의 줄기를 짧게 다듬어 주세요.
4. 손질을 완료한 재료입니다.
5. 핑크 수국을 모두 넣어 주세요.
   TIP 저는 디자인에 재미를 더하기 위해 수국 잎이 큰 것과 작은 것을 구분해서 사용했지만, 같은 크기로 통일하거나 투톤 수국을 사용해도 좋아요.
6. 보라색 깃털을 핑크 수국 위에 얹어 주세요.

7   핀셋으로 보라색 깃털 위치를 조정해 주세요.
8   흰색 깃털을 넣어 주세요.
9   먼저 넣은 깃털 옆쪽으로 위치를 조정해 주세요.
10 금작화를 넣어 주세요.
11 앞쪽으로 수국에 줄기를 꽂듯이 금작화를 고정해 주세요.
12 피치 수국을 넣어 주세요.
13 보라색 깃털을 피치 수국 앞쪽으로 배치해 주세요.
14 흰색 깃털을 넣어 주세요.
15 핀셋으로 다른 재료가 깃털에 가려지지 않게 위치를 잡아 주세요.

16 구슬을 넣어 주세요.
> TIP 구슬은 마지막에 넣어도 좋고, 중간중간 작업할 때 넣어도 좋아요.

17 오일을 넣어 주세요.

18 봄의 소리가 들리는 하바리움 완성!

Seasonal Decorations

여름의 축제,
푸른 바닷속

무더운 여름, 시원한 바닷속으로 풍덩 빠져볼까요? 입자가 고운 반짝이 파우더를 사용하면 은은한 효과를 낼 수 있어요. 저는 무난하게 잘 어울리는 은색을 사용했지만, 흰색이나 연하늘색 반짝이 파우더를 사용해도 좋아요. 제작하는 디자인에 따라 반짝이는 색을 매치해 보세요.

Materials

위스키 보틀(200mL)	1개
반짝이 파우더	약간
흰색 모래	적당량
유리 돌	5~6개
미니 소라	5~6개
체인 구슬	1줄

Flowers

로열 수국	약간
나뭇가지	약간
루스커스	1줄기

How To Make

1 루스커스를 보틀 길이보다 짧게 잘라 주세요.
2 로열 수국의 줄기를 짧게 잘라 다듬어 주세요.
3 나뭇가지를 루스커스와 비슷한 길이로 잘라 주세요.
   TIP 나뭇가지는 아쿠아 컬러 스프레이를 사용해서 흰색으로 만들어 보세요.
4 손질을 완료한 재료입니다.
5 흰색 모래를 바닥이 덮일 만큼 넣어 주세요.
6 유리 돌과 미니 소라를 모래 위에 모두 얹어 주세요.

7 나뭇가지를 넣어 주세요.
> **TIP** 저는 흰색 나뭇가지를 넣었지만 없다면, 산호를 넣어도 좋아요.

8 나뭇가지가 부서지지 않게 체인 구슬을 조심스럽게 넣어 주세요.
9 핀셋으로 체인 구슬과 나뭇가지의 위치를 조절해 주세요.
10 로열 수국을 넣어 주세요.
11 루스커스를 넣어 주세요. 위치는 약간 사선으로 조정해 주세요.
12 비어 있는 공간에 로열 수국을 넣어 주세요.

13 오일을 넣어 주세요.

> **TIP** 오일을 넣으면 모래 속에 있던 공기가 밖으로 빠져나오면서 한동안 기포가 생기게 됩니다. 뚜껑을 바로 닫지 말고 기포가 어느 정도 빠지면 뚜껑을 닫아 주세요.

14 마지막으로 반짝이 파우더를 살짝 뿌려 주세요.

> **TIP** 윗부분에서 걸쭉한 느낌으로 오일과 섞이는데 뾰족하고 얇은 스틱으로 가볍게 풀어 주세요.

15 여름 바닷속이 생각나는 하바리움 완성!

Seasonal Decorations

가을의 기억,
풍요로운 수확 계절

가을 하면 떠오르는 걸 표현했어요. 가을은 곡식을 수확하는 계절이라 곡물 소재를 사용했어요. 떨어진 단풍잎, 은행잎으로 붉게 물든 가을을 표현해도 너무 멋질 것 같아요. 프리저브드 소재 중 빨간 잎을 사용해도 좋아요. 다양한 재료로 가을을 표현해 보세요.

Materials

위스키 보틀(200mL)	1개

Flowers

밀	3줄기
실버 데이지	1송이
로열 수국	약간
페퍼베리	약간
베어그라스	1줄기

How To Make

1. 밀을 보틀보다 조금 짧은 길이로 잘라 주세요.
2. 페퍼베리를 작은 송이로 다듬어 주세요.
3. 로열 수국의 줄기를 잘라 주세요.
4. 실버 데이지의 줄기를 로열 수국처럼 손질해 주세요.
5. 베어그라스의 길이를 잘라 주세요. 자르지 않고 전부 사용해도 좋아요.
6. 손질을 완료한 재료입니다.

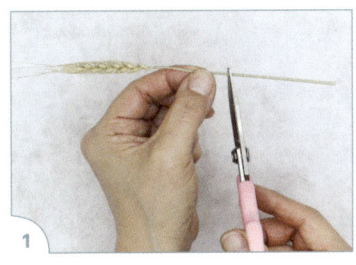 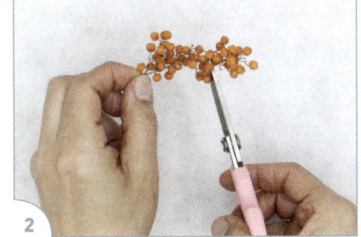 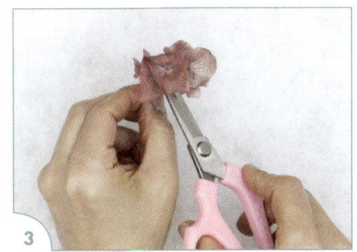

7 베어그라스를 돌돌 말아 넣어 주세요.
8 핀셋으로 돌돌 말린 베어그라스를 자연스럽게 펼쳐 주세요.
9 페퍼베리를 넣어 주세요.
10 로열 수국을 가운데 배치해 주세요.
   TIP 저는 잎이 큰 로열 수국을 사용했지만, 일반 수국을 사용해도 좋아요. 일반 수국을 사용할 때는 양을 조금 더 많이 해 주세요.
11 핀셋으로 로열 수국의 위치를 조정해 주세요.
12 실버 데이지를 넣어 주세요.
   TIP 꽃 중심부터 손으로 살짝 밀어 넣어 주면 손쉽게 들어갑니다.
13 핀셋으로 실버 데이지가 정면에서 잘 보이게 배치해 주세요.
14 밀을 넣어 주세요. 약간 사선으로 위치를 잡아 주세요.

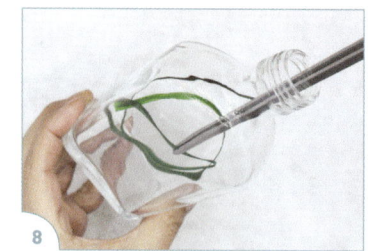

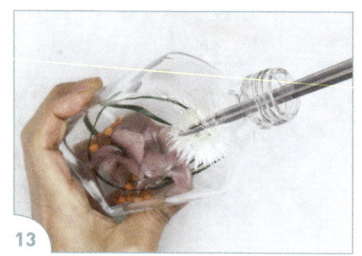

15 오일을 넣어 주세요.
16 풍요로운 가을을 담은 하바리움 완성!

Seasonal Decorations

겨울의 설렘,
메리 크리스마스!

겨울이 시작되면 크리스마스 장식들이 가득하죠. 하바리움 속에 작은 산타클로스나 루돌프 미니어처를 넣어 장식해도 참 귀여울 것 같아요. 다양한 재료로 크리스마스 소품을 만들어 선물하는 것은 어떨까요?

Materials

위스키 보틀(200mL)	1개
흰색 모래	적당량
와이어 장식	25cm

Flowers

구골나무 잎(호랑가시 나무)	1줄기
페퍼베리	약간
브루니아	1줄기
편백	1줄기
시나몬	3개
청미래덩굴 열매	약간

How To Make

1 편백을 보틀보다 조금 짧은 길이로 잘라 주세요.
2 구골나무 잎의 줄기를 잘라 다듬어 주세요.
3 브루니아를 잘라 주세요.
4 페퍼베리를 작은 송이로 다듬어 주세요.
5 청미래덩굴 열매를 한 알씩 잘라 주세요.
   TIP 꼭 같은 재료를 사용하지 않아도 괜찮아요. 비슷한 재료를 사용해도 충분히 멋지게 완성됩니다.
6 손질을 완료한 재료입니다.

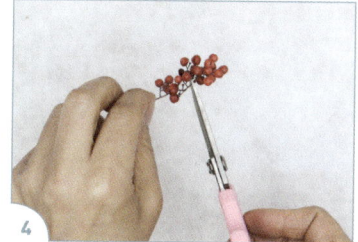  

how to make

7 흰색 모래를 넣어 주세요.
8 시나몬을 모래 위에 올려 주세요.
   TIP 저는 미리 짧게 잘라져 있는 시나몬을 사용했습니다. 긴 시나몬은 커터 칼로 잘라서 사용하세요!
9 핀셋으로 시나몬의 위치를 정리해 주세요.
10 와이어 장식을 넣고, 핀셋으로 보틀 안에 골고루 퍼지도록 배치해 주세요.
   TIP 체인 구슬을 사용해도 좋습니다. 다른 재료들이 하바리움 오일 위로 떠오르는 것을 잡아줘요.
11 구골나무 잎을 넣어 주세요.
12 편백을 넣어 주세요.
   TIP 먼저 넣은 와이어 장식 사이사이에 걸치듯이 자리 배치를 해 주시면 좋아요.
13 브루니아를 조심스럽게 올려 주세요.
14 청미래덩굴 열매를 넣어 주세요.
15 페퍼베리를 보틀 정면에서 잘 보이게 배치해 주세요.

16 오일을 넣어 주세요.

> **TIP** 오일을 넣으면 모래 속에 있던 공기가 밖으로 빠져나오면서 한동안 기포가 생기게 됩니다.
> 뚜껑을 바로 닫지 말고 기포가 어느 정도 빠지면 뚜껑을 닫아 주세요.

17 겨울의 설렘이 떠오르는 하바리움 완성!

Chapter 04

더 특별한 소품

조금 더 특별한 하바리움 디자인을 고민하고 계신가요? 그러면 여기를 주목해 주세요!
특별한 날, 특별한 선물을 하고 싶을 때 좀 더 의미 있는 선물이 될 거예요.

Special Decorations

감사의 달, 카네이션

어버이날, 스승의 날에 특별한 카네이션 선물 어떨까요? 선반에 놓고 계속 볼 수 있는 멋진 인테리어 소품을 선물해 보세요. 만들기도 간편하고, 받는 분에게 감사의 마음을 전달할 수 있을 거예요. 카네이션 말고 장미로 제작하면 멋진 로즈데이 선물로도 응용할 수 있어요!

Materials

원형 보틀(200mL)　　　1개

Flowers

카네이션　　　3송이
베어그라스　　　1줄기

How To Make

1. 계단 형식으로 피어 있는 드라이 카네이션과 긴 베어그라스를 준비합니다.
   - **TIP** 드라이 카네이션은 보틀에 넣을 때 부서지지 않고 잘 들어가니 안심하세요.
   - **TIP** 카네이션의 길이를 각각 다르게 자르고 줄기 끝을 와이어로 묶어 사용해도 좋아요.
2. 카네이션 줄기를 보틀 길이에 맞춰 적당히 자르고 베어그라스는 카네이션보다 길게 자릅니다.
3. 손질을 완료한 재료입니다.
4. 베어그라스를 카네이션에 나선형으로 말아 주세요.
5. 작업한 카네이션과 베어그라스를 넣어 주세요.
6. 핀셋으로 베어그라스를 정리해 주세요.

7 오일을 넣어 주세요.

8 소중한 사람에게 선물하고 싶은 카네이션 하바리움 완성!

Special Decorations

미녀와 야수,
장미 한 송이

미녀와 야수에 나오는 장미 한 송이 기억하시나요? 하바리움 디자인으로 색다르게 응용해서 만들어 봤어요. 로즈데이, 프로포즈, 기념일 등 사랑하는 사람에게 특별한 선물로 사랑을 전달하세요.

Materials

원형 보틀(150mL) 1개

Flowers

미니 장미 1송이
안개꽃 1줄기
수국 약간

How To Make

1 미니 장미 줄기를 보틀 길이보다 짧게 잘라 주세요.
   TIP 미니 장미를 드라이해서 사용합니다.
2 안개꽃 줄기를 미니 장미보다 짧게 다듬어 주세요.
3 수국의 줄기를 짧게 잘라 주세요.
4 손질을 완료한 재료입니다.
5 수국을 넣어 주세요.
6 미니 장미를 수국 사이에 꽂아 주세요.

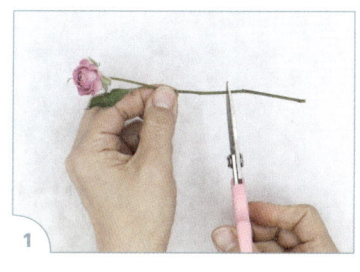

7 핀셋으로 미니 장미를 수국에 꽂듯이 중앙에 고정해 주세요.

8 안개꽃을 미니 장미 줄기 주변으로 골고루 넣어 주세요.
   TIP 안개꽃은 잔가지가 많아 하바리움 오일에 장미가 떠오르는 것을 방지해요.

9 오일을 넣어 주세요.

10 장미 한 송이가 돋보이는 하바리움 완성!

조명 받침대 활용하기

조명 받침대 위에 하바리움을 올려 놓으면
멋진 무드등으로 변신합니다.
불빛 컬러에 따라 분위기가 달라져요! 주광색, 주백색, 전구색 등
원하는 컬러로 연출해 보세요!

Special Decorations

축하해요, 미니 꽃다발

최근에는 하바리움 디자인에 실크 플라워도 사용하고 있습니다. 실크 플라워는 꽃잎이 망가지거나 부서지지 않기 때문에 편리합니다. 실크 플라워와 함께 다양한 프리저브드 재료를 매치해서 꽃다발로 만들어 보는 건 어떨까요?

TIP 실크 플라워란 자연의 생화를 모방해서 만든 꽃(조화)을 의미합니다.

Materials

원형 보틀(250mL)   1개
와이어나 지철사   약 15cm
리본   약 20cm

Flowers

부바르디아   1줄기
안개꽃   1줄기
남천   1줄기
라그라스   2송이

How To Make

1. 남천을 보틀 길이보다 짧게 잘라 주세요.
2. 안개꽃을 남천보다 짧게 잘라 주세요.
3. 부바르디아를 안개꽃보다 짧게 손질해 주세요.
4. 라그라스는 남천과 비슷한 길이로 잘라 다듬어 주세요.
5. 손질을 완료한 재료입니다.
6. 부바르디아 뒤쪽에 안개꽃을 겹쳐 놓아 주세요.

how to make

7 안개꽃 뒤쪽으로 남천을 겹쳐 주세요.
8 남천을 중심으로 좌, 우에 라그라스를 하나씩 놓아 주세요.
9 와이어나 지철사로 고정 시켜주세요.
10 고정 시킨 모습입니다.
   TIP 양이 지나치게 많으면 보틀에 넣을 때 힘들어요.
11 와이어가 보이지 않게 리본으로 묶어 주세요.
12 완성된 미니 꽃다발입니다.

13 미니 꽃다발을 넣어 주세요.
14 오일을 넣어 주세요.
15 축하의 마음을 담은 꽃다발 하바리움 완성!

Special Decorations

반짝반짝, 전구 무드등

LED등이 내장되어 있는 전구 모양 보틀에 로맨틱한 무드등 느낌을 살려 디자인해 보았어요. 장미가 아니더라도 천일홍, 백일홍, 실버 데이지 등 다양한 플라워 재료도 사용해 보세요. 반짝이 파우더를 조금 넣으면 조명 빛에 반짝거려 예뻐요!

Materials

LED 전구 보틀(320mL)   1개

Flowers

장미	4송이
라이스 플라워	약간
아스파라거스	1줄기
수국	약간
겹 수국	약간

How To Make

1 장미의 줄기를 잘라 주세요.
2 라이스 플라워 줄기를 잘라 주세요.
3 아스파라거스 줄기를 보틀의 반 길이로 잘라 다듬어 주세요.
4 겹 수국의 줄기를 짧게 잘라 주세요.
5 수국의 줄기를 겹 수국처럼 짧게 잘라 주세요.
6 손질을 완료한 재료입니다.

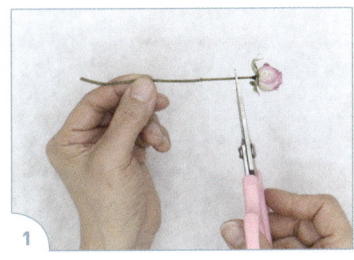
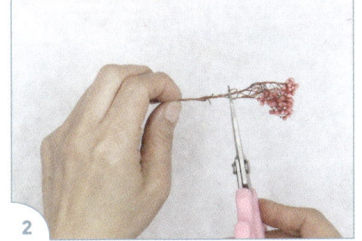

7 수국을 모두 넣어 주세요.
8 장미를 넣어 주세요.
   TIP 드라이 플라워는 부서지기 쉬우니 조심스럽게 작업해 주세요.
9 핀셋으로 장미 위치를 잘 보이게 수정해 주세요.
10 라이스 플라워를 넣어 주세요.
11 장미와 라이스 플라워가 모두 잘 보일 수 있게 위치를 수정해 주세요.
12 겹 수국을 넣어 주세요.
13 아스파라거스를 겹 수국이 가리지 않게 넣어 주세요.
14 먼저 넣은 재료들이 오일 위로 떠오르지 않게 아스파라거스를 가로로 놓아 주세요.

15 오일을 넣어 주세요.

16 반짝이는 전구 무드등 하바리움 완성!

Special Decorations

사각사각,
하바리움 볼펜

글씨를 쓸 때도 특별한 볼펜으로 쓰면 얼마나 기분이 좋을까요? 예쁜 글씨, 좋은 글이 마법처럼 써질 것 같아요. 부담스럽지 않은 간편한 선물로도 추천해요. 저는 스타 플라워를 사용했지만 안개꽃, 수국 등 다른 소재와 함께 매치해서 디자인해도 너무 예뻐요.

Materials

하바리움 전용 볼펜	1개
접착제	
스포이드	

Flowers

스타 플라워	10~15송이

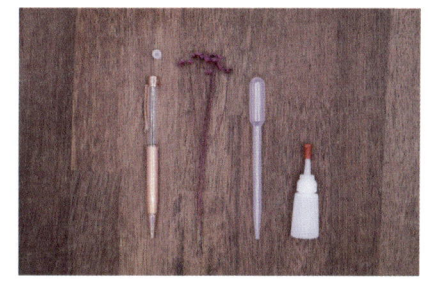

How To Make

1 스타 플라워의 줄기를 모두 잘라 주세요.
2 손질을 완료한 재료입니다.
3 스포이드를 사용해서 오일을 절반 정도를 볼펜에 넣어 주세요.
   TIP 오일을 먼저 넣는 이유는 기포를 최소한으로 줄이기 위함이에요.
4 스타 플라워를 절반 정도 볼펜에 채워 주세요.
   TIP 입구가 좁아 핀셋 사용이 힘들다면, 긴 꼬챙이를 사용해도 좋아요.
5 스포이드를 사용해서 오일을 80% 정도 넣어 주세요.
   TIP 끝까지 다 채우면 핀셋으로 정리할 때 핀셋의 부피 때문에 오일이 넘칠 수 있어요.
6 스타 플라워로 나머지를 채워 주세요.

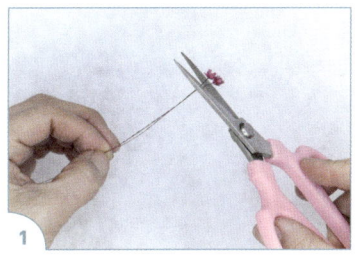

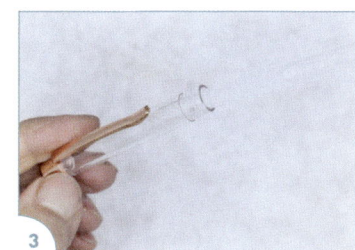
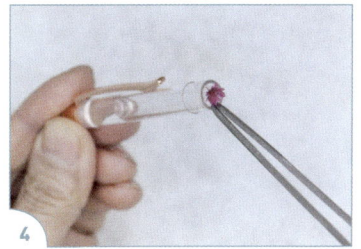
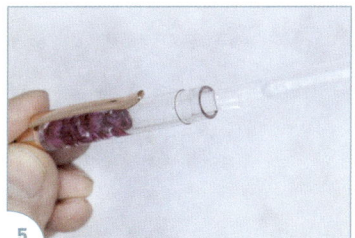
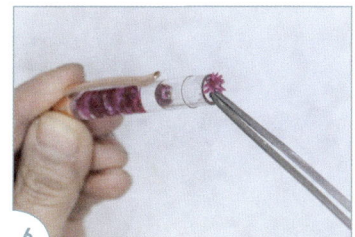

7 스포이드를 사용해서 마개 경계선까지 오일을 넣어 주세요.

8 마개 경계선까지 채운 모습입니다.

9 입구 잔여 오일을 닦고, 마개를 닫아 주세요.

> TIP 공기가 남아 있다면 마개를 끼울 때 잘 들어가지 않아요. 그럴 때는 남아 있는 기포가 빠질 때까지 어느 정도 시간을 보낸 후 마개를 닫아 주세요.

10 단단하고 평평한 것으로 마개를 꾹 눌러주세요. 저는 핀셋의 뒷부분을 사용했어요.

11 중간 링을 넣어 주고, 접착제로 입구 부분을 얇게 펴 발라 주고 건조시켜 주세요.

12 부품이 떨어지지 않게 하기 위해 다른 부속품 안쪽에 접착제를 살짝 발라 주세요.

> TIP 중앙에는 펜 심이 있기 때문에 중앙에 바르지 않도록 조심하세요. 펜이 안 나올 수 있어요!

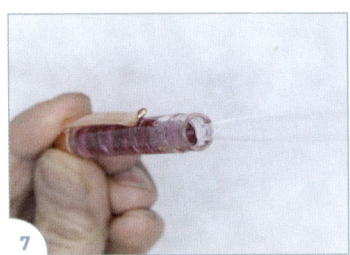

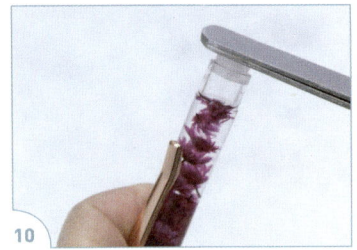
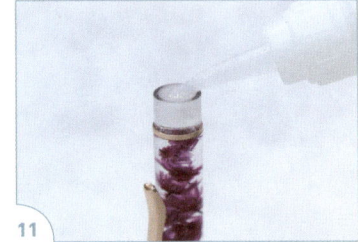
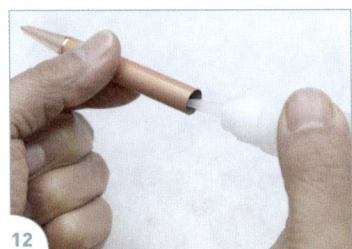

13 위 부속품과 결합해 주세요.
14 나만의 특별한 하바리움 볼펜 완성!

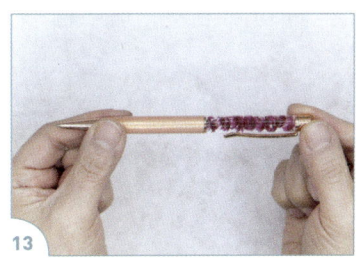

PART 02

Herbarium

: 하바리움 포장하기

내가 만든 하바리움, 조금 더 멋지게 포장할 수 없을까요? 나만의 브랜드 로고가 들어간 스티커나, 디자인에 어울리는 특별한 리본만 있어도 완성도 높은 하바리움 디자인을 만들 수 있어요.

스티커

가장 많이 사용하는 방법이에요. 종이 스티커나 투명 스티커로 포인트를 줄 수 있어요. 멋진 문장이 적힌 스티커나 자신만의 브랜드 로고가 인쇄된 스티커를 붙여 주세요.

How To Make

1. 스티커를 적당한 위치에 붙여 주세요. 포인트가 되는 디자인은 가리지 않는 게 좋아요.
2. 스티커 길이가 너무 길다면 잘라 주세요.
3. 완성

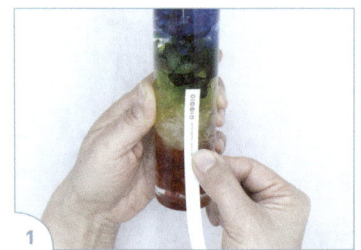

리본

마끈, 샤무드끈, 레이스 리본, 쉬폰 리본 등 다양한 리본으로 하바리움 디자인과 어울리는 매듭을 지어 보세요.

How To Make

1   리본을 뚜껑 밑 부분에 묶어 주세요.
2   원하는 길이로 리본을 잘라 주세요.
3   완성

태슬

태슬은 고급스러운 포장 느낌을 줄 수 있어요. 태슬 종류는 워낙 많으니 원하는 종류와 컬러를 선택해서 포인트로 장식해 보세요.

How To Make

1. 보틀 크기를 고려해서 태슬을 선택하세요.
2. 보틀 목에 태슬을 걸어 주세요.
3. 완성

실링왁스

본인만의 스탬프를 제작하면 비즈왁스를 녹여 특별한 실링왁스를 제작할 수 있습니다. 간편하게 실링왁스 스티커도 많이 나와 있으니 쉽게 구매 가능합니다. 일반 종이나 투명 스티커보다 고급스러운 느낌을 줄 수 있어요.

How To Make

1. 비즈왁스를 녹여 만들고, 뒷면에 양면테이프를 붙였어요.
2. 완성된 하바리움 보틀에 붙여 주세요.
   - **TIP** 작업하다가 보틀에 오일이 묻어 있을 수 있어요. 꼭 오일 잔여물을 닦은 후에 붙여 주세요.
3. 완성

종이 택

종이에 펀칭으로 구멍을 뚫어 마끈으로 간단한 택을 만들어 걸어 보세요! 종이에는 간단한 메시지를 적거나 하바리움의 설명서를 적기도 해요. 나만의 로고를 넣어 포인트를 줘도 좋아요.

How To Make

1 종이 택을 마끈으로 묶어 보틀 목에 걸어 주세요.
2 완성

비닐 포장

저렴하고 간편하게 포장하는 방법이에요. 리본이나 종이 택을 함께 장식해 보세요. 더 멋진 포장이 될 거예요.

How To Make

1. 완성된 하바리움 보틀 길이보다 긴 비닐에 넣어 입구 부분을 주름지게 묶어 주세요.
2. 마끈이나 리본으로 묶어 주세요. 빵 끈을 사용해도 좋아요.
3. 완성

상자 포장

보틀 크기의 상자에 간단하게 넣어 포장하는 방법이에요. 보틀 자체에 스티커를 붙이기 애매모호할 때, 투명 상자에 포장하고 상자 위에 스티커를 붙이거나 리본으로 포인트를 줘보세요.

How To Make

1 사이즈가 맞는 상자에 완성된 하바리움 보틀을 넣어 주세요.
   TIP 보틀이 상자보다 크기가 작다면 색화지를 구겨 넣어 빈 곳을 채우는 것도 하나의 방법이에요!
2 리본으로 상자에 포인트를 주세요.
3 완성

플라워 상자 응용 포장

원래는 플라워 센터피스를 포장하는 상자예요. 길쭉한 보틀 말고, 부피가 있는 동그란 모양의 보틀을 포장할 때 유용해요. 상자에 넣고 포장하면 근사한 하나의 선물이 완성돼요.

How To Make

1 플라워 전용 포장 상자 바닥에 완충재를 넣어 주세요.
   TIP 사이잘, 색화지, 초핑, 주름지 등 무엇이든 괜찮아요.
2 하바리움 완성품을 넣어 주세요.
3 리본을 묶어 주세요.
   TIP 리본과 함께 종이 택을 걸어 주면 더 멋진 포장이 돼요!
4 완성

PART
03
·

Herbarium

: 프리저브드 플라워/ 드라이 플라워 만들기

프리저브드 플라워와 드라이 플라워를 집에서 만들어 보세요!
직접 만들면 시간은 걸리겠지만 시중에 판매되고 있는 프리저브드 소재나 드라이 플라워보다 저렴하고,
많은 양을 한꺼번에 만들 수 있는 장점이 있답니다.
또한, 나만의 컬러로 만들어 사용할 수 있으니 더 멋진 하바리움 작품을 만들 수 있을 거예요.

프리저브드 플라워 vs 드라이 플라워 비교

	프리저브드 플라워	드라이 플라워
모양	생화 모양 그대로	수분이 날아가 쪼그라들어 모양 변형이 있음
질감	부드러워 부서짐이 없음	거칠고 부서짐이 있음
색상	염색을 따로 해서 선명함	시간이 지나면 갈변, 탈색이 진행됨
가격	드라이 플라워, 실크플라워보다 단가가 높은 편	저렴함

프리저브드 플라워는 다양한 색상과 생화와 같은 질감으로 부서지지 않는다는 장점이 있습니다. 하지만 소재에 따라 하바리움 오일에 들어갈 경우 염료가 베어나와 하바리움 오일의 투명도가 떨어지는 경우도 있으니 사용 전 테스트를 꼭 해 보세요!
드라이 플라워는 저렴하다는 큰 장점이 있어요. 하지만 부서지기 쉽고, 부산물이 오일 위로 떠오르거나 가라앉는 경우가 있으니 작업 전 부산물이 없도록 털어 주는 것이 중요합니다. 또한, 프리저브드 플라워보다 갈변과 탈색이 되기 쉽습니다. 사용자의 편의성에 맞게 재료를 선택하세요!

프리저브드 DIY (보존화 만들기)

프리저브드를 직접 만들 때, 만드는 공간의 온도와 습도를 일정하게 맞추기 어렵기 때문에 결과물이 조금씩 달라질 수 있어요. 생화를 프리저브드 플라워로 만들 때 가장 적정한 온도는 약 18~20도 사이, 습도는 약 40% 정도 입니다. 그래서 온도와 습도가 높은 여름보다는 봄, 가을이 만들기 적절한 계절이기도 해요.

프리저브드 DIY는 제작 방법에 따라 침전법, 올림법 두 가지로 만들 수 있습니다.

- **침전법** 시중에 구매 가능한 프리저브드 DIY 용액(알파/표백/베타/그린 등)은 가장 대중적인 꽃인 장미를 기준으로 맞춰져 있어요. 하지만 장미 이외의 꽃들도 제작이 가능해요.
꽃잎이 많이 겹쳐 있거나 뭉쳐진 종유의 꽃은 프리저브드 용액이 속까지 균일하게 흡수되기 어려워 완성도가 떨어집니다. 이런 경우 프리저브드 처리가 잘 되지 않아서 갈변되거나 꽃잎이 떨어져 나갈 수 있어요.

- **올림법** 일액형 용액으로 제작하는 방법이에요. 대표적으로 프리저브드 안개꽃을 만들 때 많이 만들어요. 그 밖에 미스티 블루, 스타티스, 시네신스, 유칼립투스 등 다양한 그린 소재도 가능해요.
장미도 올림법으로 가능하지만 만드는 과정과 완성된 모양과 컬러는 침전법으로 만든 프리저브드 플라워와 많이 다르답니다. 장미를 올림법으로 만들 경우에는 사이즈가 작은 미니장미나 자나 장미를 추천해요.

프리저브드 DIY 용액은 화훼 도·소매 시장에서 쉽게 구매 가능하며, 온라인에서 인터넷 검색만 해도 판매하는 채널이 아주 많아요. 판매 가격은 브랜드마다 다소 차이가 있지만 비슷한 편이고, 용액의 양은 소용량부터 대용량까지 다양하게 판매하고 있습니다. 초보자분들은 소용량으로 구매하셔서, 조금씩 작업하는 것을 추천합니다.

프리저브드 DIY 기본 재료

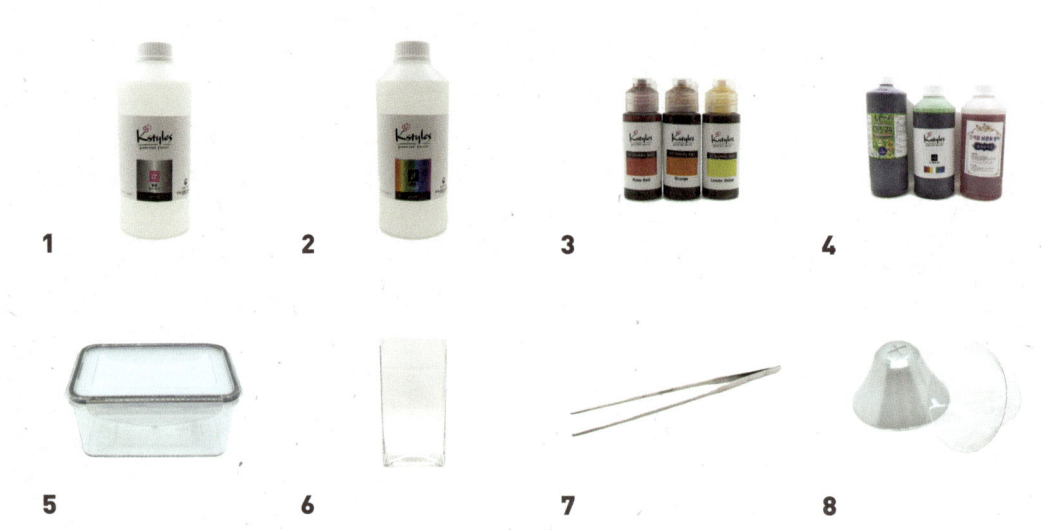

1 알파(α) 용액
침전법으로 보존화를 만들 때 생화의 색상과 수분을 빼내는 역할을 하는 용액이에요.

2 베타(β) 용액
침전법으로 보존화를 만들 때 꽃이 시들지 않도록 보존 역할을 하는 용액이에요.

3 염료 용액
침전법으로 보존화를 만들 때 베타(β) 용액과 섞어 사용하며, 꽃을 염색하는 역할을 하는 용액이에요. 물감처럼 서로 다른 컬러를 섞어 사용할 수도 있어요.

4 안개꽃/그린 용액
올림법으로 안개꽃과 다양한 그린 소재를 보존 처리하는 일액형 용액이에요. 다양한 종류의 컬러가 있어서 단독으로 사용해도 되고 서로 다른 컬러를 섞어 사용할 수도 있어요. 섞어서 사용할 때는 같은 브랜드의 제품을 사용하세요. 그린 용액의 경우에는 잎 소재를 보존 처리할 때 간편하게 침전법으로도 사용 가능해요!

5 밀폐 용기
침전법으로 보존화를 만들 때 사용해요. 꽃의 양보다 용기가 클 경우 용액 소비가 크니 꽃의 양을 고려해서 적당한 크기로 준비하세요.

6 긴 용기
올림법으로 만들 때 용액을 넣고 소재를 꽂아두는 용기에요. 넘어지는 것을 방지하기 위해 무거운 소재를 사용하는 게 좋아요.

7 핀셋
용액 처리 과정에서 꽃을 넣고 뺄 때 사용해요.

8 보호 캡
꽃을 용액 속에 넣었을 때, 꽃잎끼리 부딪쳐 찢어지거나 상처가 나지 않도록 보호해요. 보호 캡이 없다면 알루미늄 호일을 접어서 사용하기도 해요.

9 종이컵/계란판
용액에서 보존 과정이 끝난 꽃을 세워서 건조할 때 사용해요. 한 번에 많은 양을 건조하려면 계란판, 오아시스 플로럴 폼, 철망을 사용하면 좋아요.

10 너트
꽃이 용액에 완전히 침전될 수 있게 너트를 끼워 무게를 더해요.

11 와이어
너트가 빠지지 않도록 고정할 때 사용해요.

12 장갑/마스크/앞치마
용액으로부터 피부와 옷을 보호하기 위해 착용합니다. 염료의 경우 피부나 옷에 묻으면 잘 지워지지 않으니 꼭 착용하는 것을 추천합니다.

13 원예가위
꽃, 그린 소재를 다듬거나 와이어를 자를 때 사용해요.

14 S자 고리
올림법으로 만든 소재를 거꾸로 매달아 건조할 때 사용해요.

[침전법]
프리저브드 장미 만들기

장미와 카네이션은 화형이 뚜렷하면서 꽃잎의 끝이 상하거나 찢어지지 않았고, 벌레 먹은 잎이 없으며 대는 굵고 긴 것이 좋아요. 큰 사이즈 보다 지름이 약 3~4cm 정도의 꽃이 좋습니다. 하바리움에 사용되는 장미는 미니 장미를 추천해요. 꽃봉오리가 너무 크면 보틀에 넣기 힘들어요. 꽃잎이 너무 얇거나 겹겹이 많은 품종, 꽃잎이 안쪽으로 말려 들어간 품종, 꽃이 피지 않아 속에 꽃잎이 뭉쳐 있는 화형의 꽃들은 초보자가 보존화로 제작하기 힘든 품종입니다. 프리저브드 DIY 용액이 골고루 흡수되지 않고 속까지 건조되기 힘들어서 완성도가 떨어질 수 있어요.

How To Make

1. 장미 잎을 모두 제거해 주세요.
2. 장미 줄기를 잘라 주세요.
   TIP 꽃잎에 상처가 있다면, 꽃잎을 가위로 잘라 다듬어 주거나 떼도 좋습니다.
3. 손질을 완료한 장미예요.
   TIP 저는 꽃송이만 사용할 때는 꽃받침에서 2cm 정도 줄기를 남기고, 줄기까지 사용할 때는 꽃받침에서 5~6cm 정도 남겨 사용하는 편입니다. 디자인에 따라 선택하세요!

how to make

4   와이어를 약 1cm 정도로 잘라 주세요.
5   보호 캡을 사용해서 장미를 감싸 주세요.
       TIP 보호 캡이 꽃 크기보다 크다면 가위로 잘라 크기를 조절해 주세요.
6   용액에 장미가 완전히 침전될 수 있게 줄기에 너트를 끼워주세요.
7   너트가 빠지지 않도록, 잘라 두었던 와이어를 줄기에 꽂아 고정해 주세요.
       TIP 와이어가 너무 길면 꽃에 상처를 낼 수 있으니 1cm 미만이 가장 좋아요.
8   와이어를 끼운 모습이에요.
9   밀폐 용기에 알파(α) 용액을 부어서 준비해 주세요. 장미가 들어갈 부피를 생각하고 적당히 부어 주세요.
10 핀셋으로 알파(α) 용액에 장미를 넣어 주세요.
11 저는 줄기가 있는 장미를 먼저 넣고, 줄기가 없는 장미를 후에 넣었습니다.
12 알파(α) 용액에 준비한 장미를 모두 넣은 모습입니다.

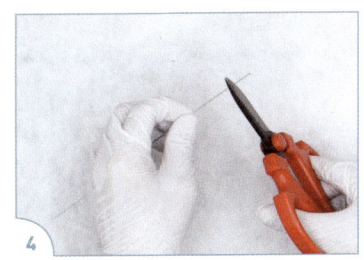

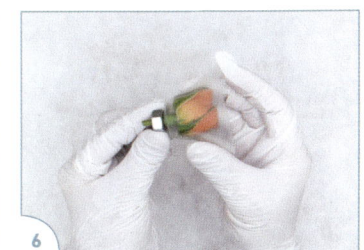
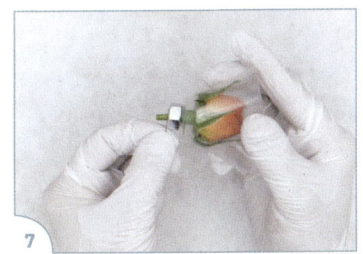

13 뚜껑을 닫고 서늘한 곳에서 용액에 담근 채로 약 24시간 동안 보관하세요. 이 과정에서 장미의 탈색, 탈수 과정이 일어납니다.
    TIP 꽃의 크기, 품종, 양에 따라서 소요 시간이 적어지거나 길어질 수 있습니다.

14 줄기가 갈색빛이 나면 탈색, 탈수 과정이 완료된 거예요. 육안으로도 확실히 탈색 과정이 일었단 걸 알 수 있습니다.

15 새로운 밀폐 용기에 베타(β) 용액을 부어 주세요.

16 작업할 컬러를 선택하고, 염료 용액을 베타(β) 용액에 넣어 주세요.
    TIP 저는 베타 1000mL에 염료는 약 20mL 정도 넣었어요.

17 핀셋으로 충분히 저어 섞이게 해 주세요.
    TIP 흰색 종이나 휴지에 용액을 조금 묻혀서 확인해 보세요! 완성 때 나오는 컬러와 거의 흡사해요.

18 알파(α) 용액에 있던 장미를 꺼내서 묻어 있는 알파(α) 용액을 조심스럽게 털어 주세요.

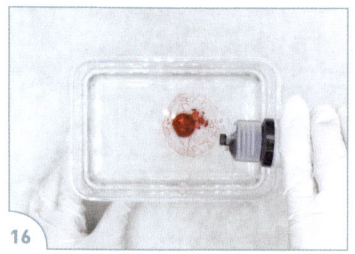
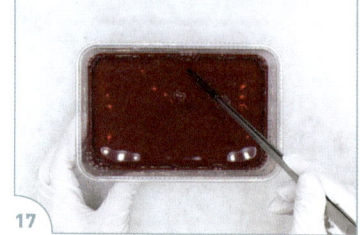

19 베타(β), 염료 용액에 장미를 넣어 주세요.

20 장미를 모두 넣은 모습입니다.

21 뚜껑을 닫고 서늘한 곳에서 용액에 담근 채로 24시간 이상 보관하세요. 이 과정에서 장미가 염색되고 보존 처리가 돼요.

　　TIP 꽃의 크기, 품종, 양에 따라서 소요 시간이 적어지거나 길어질 수 있습니다.

22 종이컵을 뒤집어 십자(十)로 칼집을 내주세요.

23 염색, 보존 처리된 장미를 핀셋으로 꺼내서 남은 용액을 살살 털어 주세요.

24 보호 캡, 너트, 와이어를 제거하고 종이컵에 꽂아 서늘한 곳에서 약 3~4일간 건조하세요.

　　TIP 주변 온도, 습도에 따라 건조 시간은 조금씩 달라질 수 있어요.

25 프리저브드 장미 완성이에요.

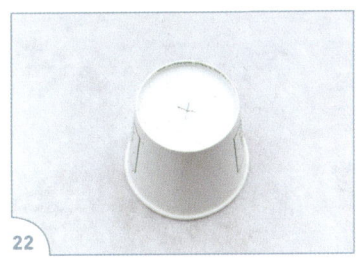

[올림법]
프리저브드 안개꽃 만들기

안개꽃은 활용도가 높은 인기 품종이에요. 안개꽃은 알이 크고 활짝 핀 품종이 사용하기 좋아요. 좋은 소재를 사용하면 프리저브드 완성작도 퀄리티가 우수하게 나와요. 안개꽃 중에서는 안드로메다 또는 카시오페아 품종이 좋습니다.

How To Make

1. 가지에 달린 잎을 정리하고 열탕 처리한 후, 꽃 가위로 가지 끝을 사선으로 잘라 주세요.
   TIP 이미 건조가 시작된 소재는 보존화 처리할 수 없습니다. 싱싱한 꽃으로 작업하세요!
2. 용액을 충분히 흔들어서 용기에 붓고, 약 3~4일간 물 올리기 방법으로 보존 처리합니다.
   TIP 소재의 크기, 품종, 양, 용액의 종류에 따라서 소요 시간이 적어지거나 길어질 수 있습니다.
3. 원하는 색상이 되었을 때 꺼내어 용액이 묻은 줄기 밑 부분을 잘라내고, 거꾸로 매달아 서늘한 곳에서 약 3~4일 동안 용액을 자연 건조해 사용하세요.
   TIP 너무 습한 곳에서 건조하면 건조 기간도 길어지며, 퀄리티가 떨어지게 됩니다. 주의하세요!
4. 꽃잎에 용액이 묻어 나오지 않으면 완성이에요.

[올림법]
프리저브드 유칼립투스 만들기

그린 소재는 잎이 싱싱하고, 벌레 먹은 잎이 없고, 대는 굵고 긴 것이 좋아요. 그리고 만져 봤을 때 어느 정도 수분이 있어서 잎, 꽃, 열매 등이 떨어지지 않는 것을 고르세요. 건조가 진행되면 용액을 흡수하는 힘이 약해져서 보존 처리가 잘 되지 않아요. 꽃 시장에서 직접 고를 때 물에 담겨 있는 소재보다 상자에 담겨 있는 소재를 선택하세요. 물을 계속 먹은 소재는 이미 도관에 물이 가득 차서 프리저브드 용액을 흡수시키지 못하는 경우가 있어요.

물을 먹이지 않은 꽃을 구매하는 게 좋지만, 물을 먹은 소재를 구매했더라도 반나절 정도 신문지에 감싸 그늘진 곳에 보관 후 작업하거나, 열탕 처리하고 작업해 주면 훨씬 수월해 진답니다.

How To Make

1. 시들거나 상처가 난 잎을 정리하고 열탕 처리한 후, 꽃 가위로 가지 끝을 사선으로 잘라 주세요.
2. 용액을 충분히 흔들어서 용기에 붓고, 5~7일간 물 올리기 방법으로 보존 처리합니다.
   TIP 소재의 크기, 품종, 양에 따라서 소요 시간이 적어지거나 길어질 수 있습니다.
3. 원하는 색상이 되었을 때 꺼내어 용액이 묻은 줄기 밑 부분을 잘라내고, 거꾸로 매달아 서늘한 곳에서 약 5일 동안 용액을 자연 건조해 사용하세요.
4. 잎에 용액이 묻어 나오지 않으면 완성이에요.

프리저브드 플라워와 프리저브드 DIY 용액

완성된 프리저브드 플라워 보관 방법

- 꽃의 경우 상자에 초핑를 깔고, 초핑에 꽃을 꽂듯이 고정한 상태로 보관하고, 수국이나 그린 소재의 경우 적당한 길이로 잘라 밀폐 용기에 보관하면 더 오랫동안 보관할 수 있어요.
- 습기를 멀리하세요. 프리저브드는 습기에 약해요.
- 직사광선은 색상 변질의 원인이 되므로 피해 주세요. 고온다습한 공간에서는 꽃잎이나 잎 표면으로 염료가 배어 나올 수 있으니 피해 주세요. 화기 등에 닿지 않도록 주의하고, 입에 대거나 먹지 마세요. 보관 장소의 습도, 온도에 따라서 보존 기간이 다를 수 있어요.

프리저브드 DIY 용액 보관 방법 및 폐기처리

- 용액은 개봉 후, 6개월 이내에 사용하는 것을 추천해요.
- 사용한 용액을 새 용액 통에 혼합하지 마세요.
- 용액 재사용 시, 다시 적정량을 추가하여 사용해 주세요.
- 보관 시, 미생물 번식을 방지하기 위하여 서늘한 곳에서 밀폐 용기에 담아 보관하세요.
- 반려동물이나 유아동의 손이 닿지 않도록 주의를 기울여 주세요. 폐기할 용액은 반드시 신문지, 종이, 헝겊 등에 스며들게 하여 쓰레기봉투에 넣어 버려 주세요.

프리저브드 DIY 주의사항

•

- 환기가 잘 되는 곳에서 작업하세요. 두통을 유발할 수 있어요.

- 소재의 종류, 품종, 크기, 양에 따라 작업의 소요 시간이 달라질 수 있어요.

- 작업 장소의 환경, 온도, 습도에 따라 결과물이 달라질 수 있습니다. DIY 용액은 화기성이기 때문에 화기, 전류, 고온의 장소에서 사용하지 마세요. 올림법으로 작업 시, 용액을 흡수한 소재의 무게가 위로 쏠려 용액 통이 넘어질 수 있으니 잘 고정하고 사용하세요.

- 피부 접촉 시 염증을 유발할 수 있으며 안구에 들어갈 경우 신경성 장애의 위험이 있으므로 상황에 맞는 적절한 보호장비(고무장갑, 앞치마, 마스크, 보호안경)를 반드시 착용하고 작업해 주세요.

- 안구에 용액이 들어갔을 경우에는 즉시 흐르는 물 또는 식염수로 10분 이상 씻어 낸 후, 전문의 진찰을 반드시 받으세요. 피부에 용액이 묻었을 경우에는 즉시 흐르는 물에 씻고 염증 및 기타 이상이 있는 경우 전문의 진찰을 받으세요. 용액을 먹은 경우에는 즉시 토하도록 한 다음 반드시 전문의 진찰을 받으세요.

드라이 플라워 기본 재료

1 가시제거기
장미의 가시와 잎을 제거할 때 사용해요.

2 꽃가위
플라워 소재를 다듬거나 자를 때 사용해요.

3 고무줄
소재의 수분이 빠지면 줄기 두께가 얇아지기 때문에 고무줄을 사용하면 좋아요.

4 S자 고리/옷걸이
고무줄로 묶은 소재를 거꾸로 매달아 건조할 때 사용해요.

드라이 플라워 DIY

드라이 플라워는 프리저브드 플라워보다 만들기 쉬운 편입니다. 드라이 플라워는 만들 수 있는 꽃이 아주 많은 편이에요. 하지만 드라이 플라워 역시 모든 꽃을 예쁜 상태로 말리기는 힘들어요.

말렸을 때 화형과 컬러의 변화가 적은 것이 좋고, 꽃잎이나 잎 떨어짐이 심한 것은 피해야 해요. 소재 본래의 컬러가 분홍, 주황, 노랑, 보라, 초록색 계열이라면 말렸을 때 컬러 변화가 적은 편이에요. 흰색, 자주색, 빨간색은 갈변이 되어 컬러가 예쁘지 않답니다.

화훼 시장에 가면 오래된 꽃 소재를 드라이 플라워용이라고 싸게 판매하는 것을 볼 수 있어요. 하지만 드라이 플라워도 품질 좋은 생화로 작업해야 그만큼 품질이 좋은 예쁜 드라이 플라워를 만들 수 있어요. 드라이 플라워로 만들 생화 소재는 품질이 너무 좋을 필요도 없지만, 너무 좋지 않은 것은 피해 주세요.

드라이 플라워를 만들 때는 소재의 형태가 뚜렷하고, 꽃잎이나 잎끝이 찢어지지 않고, 벌레 먹은 잎이 없는 것, 대는 굵고 무르지 않은 것이 좋습니다. 상태가 좋을 때 바로 드라이 플라워 작업을 하면 화형의 변화도 적고, 컬러도 선명한 드라이 플라워가 완성돼요.

하지만 드라이 된 꽃 소재는 부서짐이 있어 하바리움 디자인 작업 시, 조심히 다뤄야 해요.
작업 전, 소재를 털어 부산물이 미리 떨어져 나오게 해 주면 좋아요. 이 과정을 진행하지 않으면 하바리움 오일에 부산물이 둥둥 떠다닐 수 있어요.
다양한 소재로 드라이 플라워를 제작해서 멋진 하바리움 디자인을 만들어 보세요!

꽃 다듬기와 자연 건조법

가장 쉽고, 많은 사람들이 흔히 알고 있는 건조 방법이에요. 정리한 꽃소재를 고무줄로 묶어 거꾸로 매달아서 말리는 방법입니다.
건조하는 동안 햇빛에 지속적으로 노출이 되면 컬러가 갈변될 수 있으니, 가능한 그늘지고 통풍이 잘되는 곳에서 말려 주세요.

How To Make

1. 장미 잎을 떼어 주세요. 필요에 따라 남겨 두어도 좋습니다.
   TIP 잎을 너무 많이 남겨 놓으면 건조되는 시간이 더 오래 걸리게 됩니다.
2. 가시제거기를 사용해서 장미의 가시를 제거해 주세요.
3. 줄기를 적당한 길이로 잘라 주세요.
4. 줄기 끝을 고무줄로 묶어 주세요.
   TIP 수분이 빠지면 줄기 두께가 얇아지기 때문에 고무줄을 사용하면 좋습니다.
5. S자 고리나 옷걸이에 걸어 서늘하고 그늘진 곳에 매달아 약 10~15일간 건조해 줍니다.
   TIP 소재의 크기, 품종, 양에 따라서 소요 시간이 적어지거나 길어질 수 있습니다.
6. 완성

실리카겔 건조법

흔히 식품과 같이 들어 있는 실리카겔을 아시나요? 수분을 흡수하는 제습제예요. 이 실리카겔을 사용해서 빠르게 드라이 플라워로 만들 수 있어요. 이 방법은 화형의 변형이 적고, 색상이 선명하게 유지되는 게 장점입니다. 실리카겔은 인터넷에서 대용량으로 쉽게 구매할 수 있어요. 사용한 실리카겔은 전자레인지에 30~60초 정도 돌리면 재사용이 가능합니다.

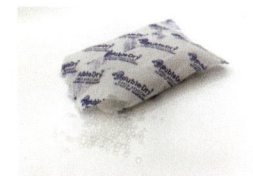

사진 위) 국내에서 쉽게 구할 수 있는 입자가 굵은 실리카겔
아래) 일본에서 사용하는 입자가 고운 파우더형 실리카겔

How To Make

1. 밀폐 용기에 실리카겔을 넣어 주세요. 바닥에 빈틈이 없게 넣어 주세요.
   - TIP 저는 국내에서 쉽게 구할 수 있는 입자가 굵은 실리카겔을 사용했어요.
2. 손질한 장미를 넣어 주세요.
3. 실리카겔로 덮어 주세요.
4. 뚜껑을 닫아 서늘하고, 그늘진 곳에서 3일 이상 건조해 주세요.
   - TIP 소재의 크기, 품종, 양에 따라서 소요 시간이 적어지거나 길어질 수 있습니다.
5. 완성

식품건조기 건조법

가장 짧은 시간 안에 화형의 변형이 적고, 색상이 선명한 품질 좋은 드라이 플라워를 만들 수 있어요. 꽃, 그린 소재, 슬라이스 과일을 말려서 사용해 보세요! 하지만 양이 많은 경우에는 추천하지 않아요.

TIP 식품건조기를 사용할 경우 드라이 플라워용과 식품용을 따로 사용하는 걸 권장해요.

How To Make

1. 식품건조기에 손질한 소재를 넣어 주세요. 꽃봉오리가 겹치지 않게 골고루 펼쳐 주세요.
2. 뚜껑을 덮고 35~40도에서 약 12시간 건조해 주세요.
   TIP 소재의 크기, 품종, 양에 따라서 온도와 시간이 달라질 수 있습니다.
3. 완성

드라이 플라워 보관 방법 및 주의사항

- 완성된 드라이 플라워는 습기에 약해요. 습도가 높은 장소를 피해서 보관해 주세요. 습도가 높은 여름철에는 예쁘게 말린 드라이 플라워라도 화형이 변하거나 컬러가 갈변되거나 부스러지기 쉬워요.

- 직사광선은 색상 변질의 원인이 되므로 피해 주세요. 이럴 때는 밀폐 용기에 실리카겔을 함께 넣고 뚜껑을 닫아 서늘하고 그늘진 곳에 보관하는 게 좋아요.

- 조금만 힘을 줘도 쉽게 부서지기 때문에 사용할 때 항상 조심히 다루어 주세요.

프리저브드 플라워 구입 방법

사용자가 직접 프리저브드 DIY해서 사용할 수도 있지만 하바리움 제작에는 다양한 꽃 재료가 들어가는 만큼 많은 재료를 전부 DIY를 하기엔 많은 시간과 노력이 필요해요.
저도 간단한 소재는 직접 만들기도 하지만, 이미 보존 처리되어 있는 소재를 많이 사용하고 있답니다.

오프라인 매장 / 온라인 쇼핑몰
프리저브드 플라워 전문 디자인 샵 '지오지오'에서는 오프라인/온라인으로 다양한 프리저브드 소재 및 하바리움 재료를 판매하고 있어요.
사업자 회원의 경우 도매가격으로 저렴하게 이용이 가능해요.
또한 프리저브드 전문자격증, 창업, 보존화 DIY, 기업 강의, 하바리움 자격증, 플라워 레진 등 국내 최고의 고퀄리티 수업을 다양하게 제공합니다.

쇼핑몰 : www.mygiogio.net
블로그 : blog.naver.com/giogio_
인스타그램 : @mygiogio

인천 본점 : 인천광역시 부평구 길주로585번길 7-15, 1층 (클래스룸&자재매장) | 연락처 : 032-548-6888
서울 양재점 : 서울특별시 서초구 강남대로30길 51-5, 1층 (클래스룸) | 연락처 : 02-571-6888

* 온라인 쇼핑몰 www.mygiogio.net
　에서 사용하세요.

※ 자세한 내용은 홈페이지 공지사항을 참고해 주세요.

하바리움 이야기

1판 1쇄 발행 2019년 6월 5일

저　　자 | 권미라
발 행 인 | 김길수
발 행 처 | (주)영진닷컴
주　　소 | 서울 금천구 가산디지털2로 123 월드메르디앙벤처센터 2차
　　　　　　10층 1016호 (우)08505

등　　록 | 2007. 4. 27. 제16-4189호

ⓒ2019. (주)영진닷컴

ISBN 978-89-314-6020-9

이 책에 실린 내용의 무단 전재 및 무단 복제를 금합니다.
도서문의처 | http://www.youngjin.com

YoungJin.com Y.
영진닷컴